前川善兵衛ゆかりの三神社

厨川稲荷神社　盛岡市稲荷町
前川稲荷大明神　大槌町吉里吉里
三日月神社　大槌町赤浜

表紙：もりおか歴史文化館蔵『旧諸役所図』出島阿蘭陀屋鋪図
題字：千葉伶華（明美）

目次

発刊にあたって　7
〔1〕厨川稲荷神社の文化財　9
一　はじめに　10
二　絵馬　（一）『船遊び図』大川守之進　12
（二）『稲荷神図』森嵩斎　16
（三）『靭猿図』　18
（四）『五人猩々図』狩野林泉　20
三　扁額　（一）筆華堂文饒筆（猿橋義連）『稲荷』　22
（二）三井親和筆『稲荷社』　25
（三）松下烏石筆『稲荷社』　28
（四）山口剛介筆『稲荷神社』　33
（五）『正一位稲生大明神』　35
（六）『正一位稲荷大明神』（自然木）　38
（七）『稲荷社』　40
（八）『正一位』　41
（九）東芽筆『厨川稲荷神社』　43
（十）『稲荷社』明治廿一年　44

（十一）『稲荷社』カ大正七年
（十二）『稲荷神社』昭和三年
（十三）『稲荷神社』昭和五年
（十四）『稲荷神社』昭和八年　45
（十五）『国威宣揚』昭和十五年　46
（十六）『神饌田』昭和二十六年
（十七）『豊穣』　49
（十八）『稲荷社』　50
（十九）『稲荷神社』　51
（二十）『厨川稲荷神社』
（二十一）『鳥居形額』　52
（二十二）判読不明二面
四　鋳造神狐像　53
五　木造白狐像　58
六　おわりに　61
参考文献　62
〔2〕前川稲荷大明神　64
一　はじめに　65

二　『厨川稲荷神社の信仰と歴史』のご縁　67
三　棟札（一）宝暦九年棟札　68
（二）安永二年棟札　72
（三）天保三年棟札　76
（四）昭和五十三年棟札　79
四　扁額（一）明神丸　赤井明啓筆　82
（二）両社殿　松下烏石筆　85
（三）東寶丸　久慈文真筆　89
（四）東榮丸　三井親孝筆　91
（五）稲荷社　南部利剛筆　96
五　水天宮ご神体　98
六　連歌奉納額　100
七　疱瘡除け祈祷札守護札　佛眼祖睛筆
八　宝剣奉納駒札と金刀比羅宮守護札　103
（一）明治十五年札
（二）明治四十四年札　104
（三）金刀比羅宮守護札
九　おわりに　108
参考文献　109

〔3〕三日月神社の文化財
一　はじめに　111
二　『岡谷氏系譜畧』　112
三　『岡谷家過去帳』　114
四　橋野村知行主鶏冠井を訴えた肝煎嘉惣治の事件　121
（一）花石公夫『閉伊の木食　慈泉と祖睛』による事件紹介　124
（二）釜石市教育委員会掲示板　127
（三）墓石は斬罪後すぐに建立　129
（四）盛岡藩家老席日記『雑書』に見える事件　131
（五）事件の真相　137
（六）古里と小屋野　140
（七）花石公夫氏の説に対して　142
（八）橋野村の知行主鶏冠井氏　145
五　厨子入不動明王立像　149
（一）大聖不動尊像（由来書）　152
（二）厨子銘　154
（三）火焔光背銘　163
六　厨子入弁財天坐像　166
七　霊鷲山図（五百羅漢図）

八　浄圓奉納観海般若心経　171
九　観海上人　172
十　浄圓奉納不動明王経　175
十一　仏眼祖睛筆『奉収経趣意』　177
十二　仏眼祖睛筆『天神般若心経』　182
十三　仏眼祖睛筆木版『天満宮御遺訓』　185
十四　三井親和筆『南山献壽梧』　188
十五　大道良安居士供養石塔銘　189
十六　三井親孝筆石製扁額『参日月』　192
十七　別当岡谷家と三師　193
十八　おわりに　201
参考文献　203
あとがき　205

発刊にあたって

調査研究活動が出来ない職場に移って失意のどん底だった私に一条の光が射したのが厨川稲荷神社との出会いでした。

神社の歴史を知りたいけれど、古文書は焼けてないし、神社にあるものを調べて神社の歴史を知りたいし、子や孫にも伝えていきたいという、氏子総代会の調査依頼を受けて調査を始めました。正直、たいしたものはないのだろうなあと高を括っているところが正直ありましたし、調査環境も暗く、寒いことが多く、気乗りがしませんでした。ところが、総代会事務局の谷藤泰司さんは大変熱心で私の要求を少しずつ実現して、全面的に協力してくださいました。伝承では南部重信夫人が病気平癒を祈願して霊験あらたかだった、前川善兵衛が金銅稲荷を買い戻してくれたなどと伝わっていましたので、盛岡藩家老席日記『雑書』から、厨川あるいは栗谷川稲荷神社に関する記述を抽出することに時間がかかりました。

加えて、扁額を揮毫した書家の名前も一人として知らない状態から始まりました。少しずつ調査結果が出てくると、冊子にまとめたいという声が高まり、『厨川稲荷神社の信仰と歴史』を上梓することになりました。総代会で、その価値を認めていただき、特にも貴重である大絵馬四面と扁額三面は（株）京都科学に依頼して、クリーニングと絵の具や金箔の剥落止めを施すことが出来、望外の喜びでした。

総代会は、厨川稲荷神社を勧請して前川善兵衛が大槌に稲荷社を創建したには、最初が大槌の鳩崎で、続いて安渡にと二度移したので二渡神社と呼ぶのだと、戦後すぐにまとめた神社の由来を要約した上申書添付書類がありました。ところが、実は、四代前川善兵衛富昌はこれとは別に、自分の屋敷内に移していたことがわかりました。前著を読んで感想をくださった大槌町在住の德田健治さんが棟札の写真を感想とともに送ってくださったので、元大槌町教育委員会生涯学習課長の佐々木健氏や德田氏のおかげで大槌町吉里吉里の前川稲荷大明神や同町赤浜の三日月神社の文化財についても調査することが出来ました。

この三神社ともに前川善兵衛ゆかりの神社です。古文書の解読は阿部勝則氏、篆刻印の確認は武田夏実氏、舎利石や祈祷砂は吉田充氏のご協力を得て、まずは第一段階の調査結果をまとめておく段階まで、たどり着くことが出来ました。東日本大震災から九年が経過しても、なかなか復興は思うように進みませんが、せっかく震災を潜り抜けた文化財がこのままでは後世に伝えきれないとの思いから、皆さんに紹介しておきたいとの思からまとめてみることと致しました。

「縁欲不生」のことばどおり、様々な縁に導かれて新しくわかったことも沢山ありました。調査と研究はまだまだ始まったばかりですので、皆様のご教示を得んがために、現在まででわかったことだけでも認めておきたいと思います。

令和二年六月吉辰

嘘のように穏やかな海に励まされて

佐々木勝宏

前川善兵衛ゆかりの三神社

〔1〕

厨川稲荷神社

盛岡市稲荷町

一　はじめに

盛岡城下の西郊の雫石（秋田）街道から運輸会社を右に過ぎて自動車学校へ入るように北に右折すると。幅の余り広くない参道の奥に杉の小杜が見えます。そこに厨川稲荷神社はあります。本殿のすぐ後ろをJR田沢湖線が通っています。前九年合戦の戦勝祈願をした工藤小次郎行光の創建と伝えられていますが、別当家の火災などで古文書は残っていません。

神社は、一の鳥居と二の鳥居ともに石造。拝殿に向かって右にあった神楽殿は一の鳥居入って右脇に新築されました。左手は少し奥に屋根付き土俵があり、その奥に稲荷町公民館、一段高くなって、社務所、拝殿、本殿があります。神社は杉や欅などの大木に囲まれています。小規模ながら、魚介類や野菜類や花卉の朝市が開かれる地元住民の憩いの場を兼ねています。

九月の例大祭には、大宮神楽、奉納相撲などのほかに、地元有志の踊りや歌などに小学生の紙芝居発表もあります。リンゴ飴、たこ焼き、焼き鳥、綿飴、トルネードポテト、金魚すくいなどの屋台の出店が所狭しと、犇めきます。

現拝殿は昭和十四年（一九三九）に盛岡八幡宮の側にあった県招魂社を払い下げてもらって、解体後に氏子である村民総動員で、現在地まで運搬し、移築したものです。自分たちの神社という誇りが高まったに違いありません。

平成十年（一九九八）に屋根を銅板葺きにしています。この拝殿の内外に大絵馬三面と小絵馬一面と扁額二十二面が掲げられていました。稲荷牧と長右衛門牧という二つの血族系統からなる工藤一族と周辺地元自治会が神社の運営に携わっています。

それらの絵馬や扁額などが神社の歴史を紐解く史料とならないか、その実態を把握しておきたいという神社から依頼を受けて調査を開始しました。

石灯籠と石鳥居（二の鳥居）石段は皇紀二千六百年（昭和十五年・１９４０）を記念して整備された。結界となっている水路は諸葛川から引いた用水で、御手洗の役割と結界を示している。石橋周辺は現在蓋がされていて流れは見えない。

二　絵馬

（一）『船遊び図』　大川守之進画　船遊び図　（画面五四五㎜×一三九〇㎜）

文化二年（一八〇五）に連中拾四人が奉納した二枚板を継いだ大絵馬です。絵師大川守之進、塗師甚兵衛、大工西松と裏面に墨書があります。『南部藩参考諸家系図』二一九（以下『諸家系図』）によれば大川家は現岩泉町大川の出身で五十石の本家と二駄二人扶持（十二石）の分家があります。

その分家の大川与一右衛門の婿養子が勘兵衛義真、その義真の養子が守之進義治で、二代続けて本堂氏から養子に入っています。義治の実父親豊は義真の兄ですから、叔父の家に甥が養子に入ったことになります。ましてやこの家は義真の失態から寛政九年閏七月に罪があって収録され、一旦、家名断絶となりましたが、文化二年（一八〇五）六月に義治が召し出されて家名の再興が許されていますから、家名再興が実現する前の五月十一日の奉納です。

本堂親豊は、若くして亡くなり、その子どもたちは兄親盈が養子として引き取って育てました。赤澤半蔵吉知の妻と中村守右衛門の養子弥太郎と大川勘兵衛義真の養子守之進と高橋市右衛門の妻の二男二女の四人です。実は守之進の実父親豊の弟親易の子が親富で、その子が絵師として名高い左登見蘭室で、田鎖家から養子に入っています。義治と親富は従兄弟同士です。当然、守之進と左登見は面識があったはずです。本堂家は医師や、絵や俳諧を嗜む文化人を多く輩出する家柄で、画業にゆかりのある家でもあったわけです。

『諸家系図』十七の二十六石の赤澤半左衛門家と同じく『諸家系図』四二の五十石の本堂丹宮のところに、本堂親豊が亡くなった後、親豊の二男二女の四子は兄親盈の養子となった記述があります。

その娘の一人が赤澤半蔵の妻となり、嫡子半司と次男半平を生んでいます。『大槌漁業史』に引用された国立研究開発法人　水産研究・教育機構　中央水産研究所　中央水産研究所図書資料館所蔵「前川善兵衛家文書」によれば、赤澤半蔵吉知の次男半平が、五代前川善兵衛富能の婿養子に入り、改名して六代前川善兵衛富長となった経緯が記されています。五代富能の後継者は若くして亡くなり、実子は十七歳の娘と幼い男子がいました。高齢だったために、すぐさま家業を継続できる成人の養子がほしかったのです。実子には自分の後継者としないと約束して、盛岡の商人平野治兵衛や平野次左衛門など親戚筋に適任者さがしを依頼していました。結果、赤澤半蔵吉知の次男半平を娘の婿養子として迎え、後、盛岡藩の漢学者から富長の名前をつけてもらいます。それまでは前川半平の名で商売の実戦経験を踏んでいたことも、この文書によってわかります。

守之進が描いた絵馬の奉納が文化二年（一八〇五）、六代前川善兵衛富長が奉納した松下烏石揮毫の「稲荷社」扁額は文化三年（一八〇六）ですから、厨川稲荷への絵馬と扁額の奉納は同時期に計画されていたのでしょう。富長の実母は守之進の姉であり、二人は守之進が叔父で、富長が甥という関係になりますから、奉納について双方が連絡を取って相談していた可能性が高いと思います。

絵は、屋形船に乗った人々が花見の宴を愉しんでいるようです。切妻の入口には船名の扁額が掲げられていますが、絵の具は剥落し、残念なことに船名は読めません。切妻入口には髪を結って簪を挿した女性が二人向かい合って見えます。墨書きの下絵から目鼻立ちのはっきりした女性です。芸者ではないかと思います。屋根の上に大きな人物が二人います。中央の一人は立っていて、手をかざして前方を眺めているように見えます。後方のもう一人は腹ばいになって竿を操っています。この人物の表情はとてもユーモラスです。船頭や水主なのでしょうが、かなり誇張されているため大男に見えます。

この船を先導するように小船が二艘、大船の手前に描かれ、衣笠をさす人物や三味線を弾いている後ろ姿の女性が見えます。絵の具の剥落で、はっきりはわかりません。屋形船の窓は開け放たれて、人物の顔が微かに見えます。下書きの墨の線描から、人物の顔が描き分けられ、制作当初の見事さを想像出来ます。画面左上に四行墨書があるがあります。後のほうは、「さくらたに　いろふかし」（桜谷　色深し）のように見えますが、赤外線で視ても判読できるほど墨は残っていません。絵師の下書きの墨より、かなり薄い墨です。ここから花見の様子ではないかと思いました。江戸であれば隅田川の花見の様子なのでしょう。守之進の従兄弟本堂親富の養子に入った蘭室は、田鎖治五右衛門光康の四男で、章蔵、左登見、儀右衛門、左右、光亀、金卿などと名乗り、文心堂とも号しました。享和三年（一八〇三）に百石の家を家督相続します。三十六代当主南部利敬の御側役から御絵御用を務め、宮古、厨川、野辺地の各通代官も務めています。職務の合間に絵を描いたことを意味する「弓馬之餘業」の印を用い、漢画を得意とし、沼宮内蘭渓や本堂親峯（丹宮、圭斎、桐楊）などの弟子を育てました。蘭室の兄田鎖鶴立斎は田鎖光康の三男で、親戚の田鎖光保の養子となり、寛政六年（一七九四）に百二十六石を相続しました。やはり、利敬の御側役から代官や納戸役を務めました。文化元年（一八〇四）から三年がかりで五百羽余りの鳥を描いた功労を認められ、五十石加増されました。文化十三年（一八一六）には実弟蘭室とともに江戸で画会を開くほど、兄弟の画才は優っていました。木版画「尾崎神社図」を描いていますから、大槌通や前川善兵衛家との関係があるのかも知れません。本堂源右衛門は享保十六年（一七三一）から享保十八年（一七三三）にかけて大槌通代官を務めています。源右衛門は世襲名ですので特定は簡単には出来ませんが、宝暦四年（一七五四）に死去した丹宮親由がこの源右衛門にあたると考えられます。大槌通や前川善兵衛家と本堂家との関係も調査を進め

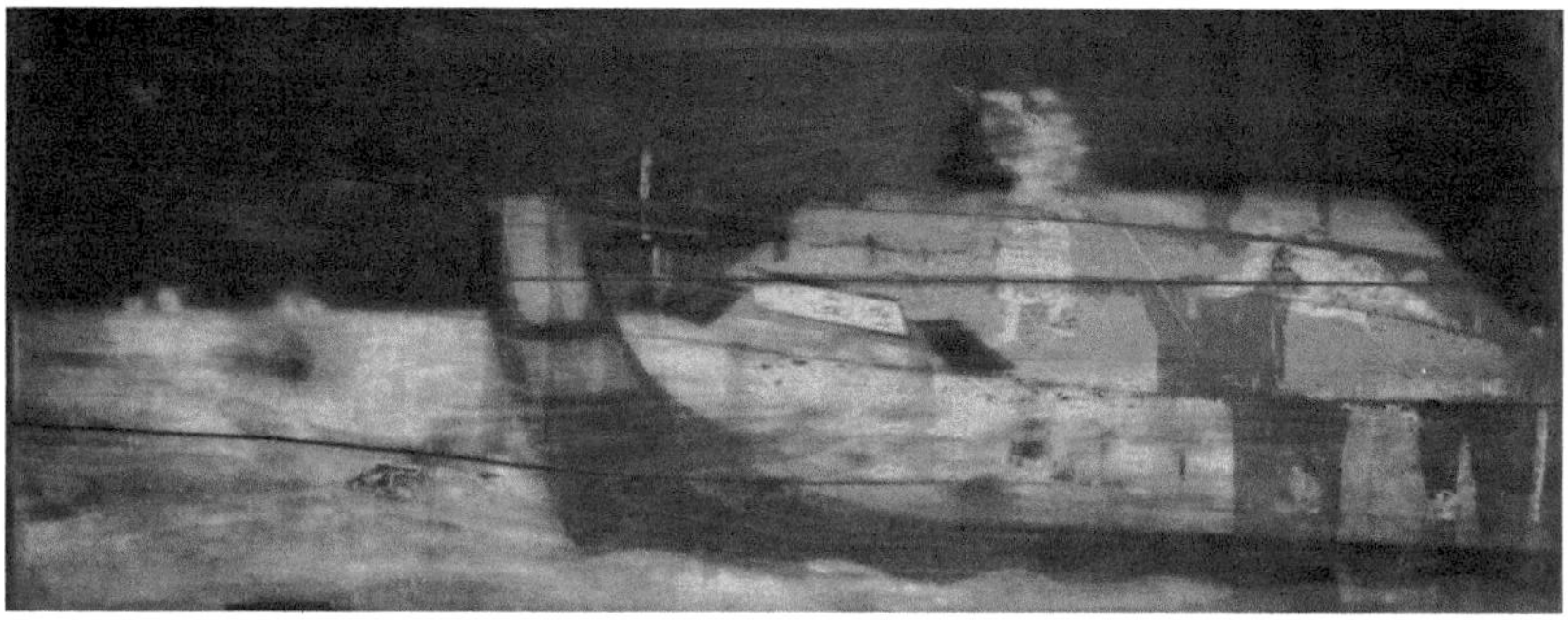

絵の具がもう少し残っていれば、どんな目的で船遊びをしていたのかわかったかも知れません。

れば、もう少しわかることがあるかも知れません。どのような祈願や目的で、この絵馬を奉納したのか知りたいものです。

（二）『稲荷神図』　森嵩斎画　稲荷神図　（画面七三〇㎜×一二一〇㎜）

文政十二年（一八二九）に櫻庭十郎右衛門統安が奉納した絵馬は立派な厚めの一枚板に描かれています。素地の木目がよく見えます。中央に朱色の大きい鳥居。右手には根元がくっついた二本の大きな赤松が鳥居に被さるように枝を伸ばしています。鳥居より奥には刈り入れが済んだ稲藁の束が伏せて並べられています。家路につこうとして歩いているのでしょう。太陽の下には偉丈夫な品のある翁がいます。

京都科学によるクリーニングと剥落止めの作業によって、翁の前に先導するかのような白狐が前足はかがめ、尻尾を高く上げている様子が見えるようになりました。鋤を右肩に担いで、袴と沓を履いていることから稲荷神であろうと推定しています。この白狐が見えるまでは、猿楽能の「高砂」、「住吉」、「老松」などの一場面かと思っていたので大発見でした。

絵師は森嵩斎とあり、盛岡藩御抱絵師森家の出身だと考えられますが他に作品が伝わりません。斎の字の下に朱印が微かに見えますが読み取れません。花巻市博物館の第４回企画展図録『盛岡藩の絵師たち～その流れと広がり～』によれば、表具師森五郎右衛門から分家した藤田家、森家、石川家の三家それぞれ絵師として活躍します。森義道の長男が元吉、次男岸信、三男是郷が狩野休印です。四男は初代狩野林泉となります。年代的には是郷休印の子保斎に比定できないかと考えています。石川家からは同じく厨川稲荷神社に奉納された『猩々図』を描いた二代狩野林泉こと石川主春（もりはる）が出ています。　奉納者は櫻庭十郎右衛門統安ですが、『諸家系図』十一には、同一名の人物は見あたりません。「統康」はありますが同一人物かどうかわかりません。ただ、家老格の本家の大櫻庭家

の通称は兵助で、片諱は「綱」です。番頭格（ばんがしらかく）の分家の小櫻庭家の通称は十郎右衛門で、片諱は「統」です。分家から本家に養子に入ることもありますが、名前からすれば小櫻庭家の当主が奉納したと考えて良いでしょう。

櫻庭家は藩主家のために能や狂言を演じる家柄であり、参勤交代の首途（かどで）を祝う儀式を催す特別な家でした。これを真似て八戸藩でも筆頭家老の中里弥次右衛門家で藩主が鯣や勝栗やお酒を口にして金銀の扇子で出発の指示を出していました。初代直房は治世が短く、二代直政は御側御用人を務めるなど参勤交代の記録がなく、重信息の通信が直政の養子に入って伝わったことなのかも知れません。

翁の右手に持つ鍬の拳先にあるのが白狐の尻尾部分。翁に寄り添い前脚は前傾姿勢になっているように見えます

（三）『靭猿図』　櫻庭綱安奉納『靭猿図』　（画面三三五㎜×五一八㎜）

狂言の靭猿（うつぼざる）の様子を描いています。左に直垂姿の大名が靭を以て猿を囃し立て、中央の猿に扮した子どもは顔と手足は肌が見えますので、着ぐるみを身につけています。御幣を右側にあげ、右脚をあげて拍子に合わせて踊っています。右の猿曳きは片膝をついて右手は猿を繋いだ綱を持ち、左手には鞭を持ちます。大名は見事な猿の毛並に惚れ込んで、自分の靭に貼り付けて装飾したいと思います。猿を殺して皮を差し出せ。嫌なら猿もお前もともに殺すぞと無体なことを言います。猿曳きはやむを得ず、猿を苦しませず楽に殺そうと急所を一撃しようと鞭を振り上げます。毛皮を傷つけることもありません。ところが、猿は猿曳きが出した、芸を始めろという合図だと思って滑稽に踊り始めます。猿曳きは、その姿を見て哀れで涙をこらえています。大名は、猿の踊りが大変見事だったので感心し、猿を殺して猿皮を剥いでなめし、その猿皮で自分の靫を飾ることを諦めました。

狂言師の家では、跡継ぎとなるべき子は、この猿を演じることが節目となり、その後の芸道の登竜門となる大切な演目です。躯が小さい猿に見立てられる年齢の時にしかできない演目なわけです。絵馬を奉納した櫻庭綱安は、家老や番頭を出す高知の家柄なので、城内で催された能楽や狂言の演目を普段から稽古していて藩主家のために披露する役目も担っていました。残念ながら、『諸家系図』十一の千二百石ほどの櫻庭裕橘家と一千石の櫻庭十郎右衛門家の系譜は錯綜がありますし、何度か改名もしているでしょうから、同一名の綱安は見当たりません。裏面には、安政六年四月廿八日の後に和歌が記されています。「う多々祢耳　美々尓乃古るや　郭公　菊貴りて露尓　月夜登移り介り」（転た寝に　耳に残るや　ほととぎす　菊切りて露に　月夜と移りけり）と読むのでしょうか。転た寝をしていて時鳥の鳴き声が耳に残ったことと、月夜に切った菊についた露に菊の香りが移ったと言うことでしょうか。時鳥と菊では初夏と晩秋ですから対句になっています。表面の靭猿とどう関係があるのかは、わかりません。「花茅」とは歌を詠んだ人物の雅号なのでしょう。墨書どおり、安政六年（一八五九）の奉納だと考えられます。

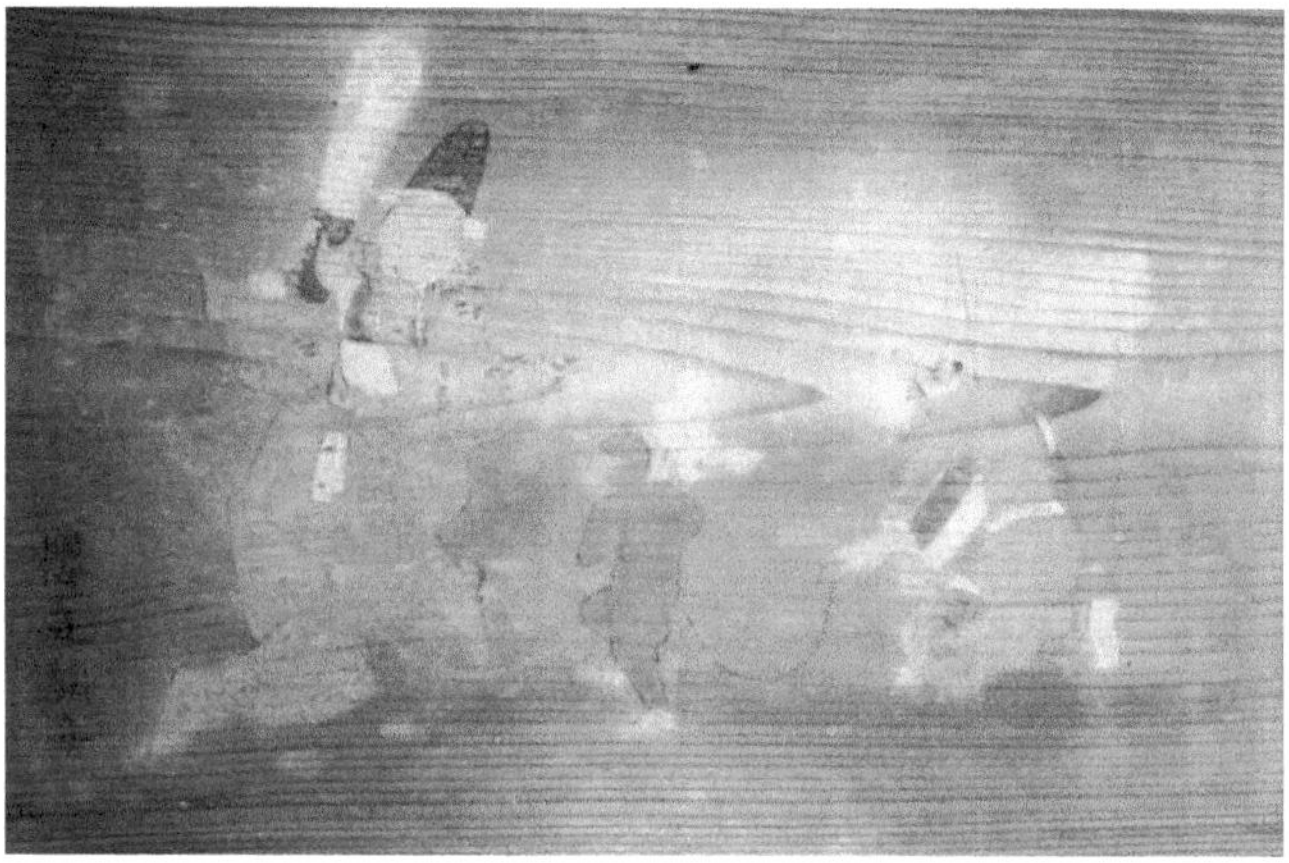

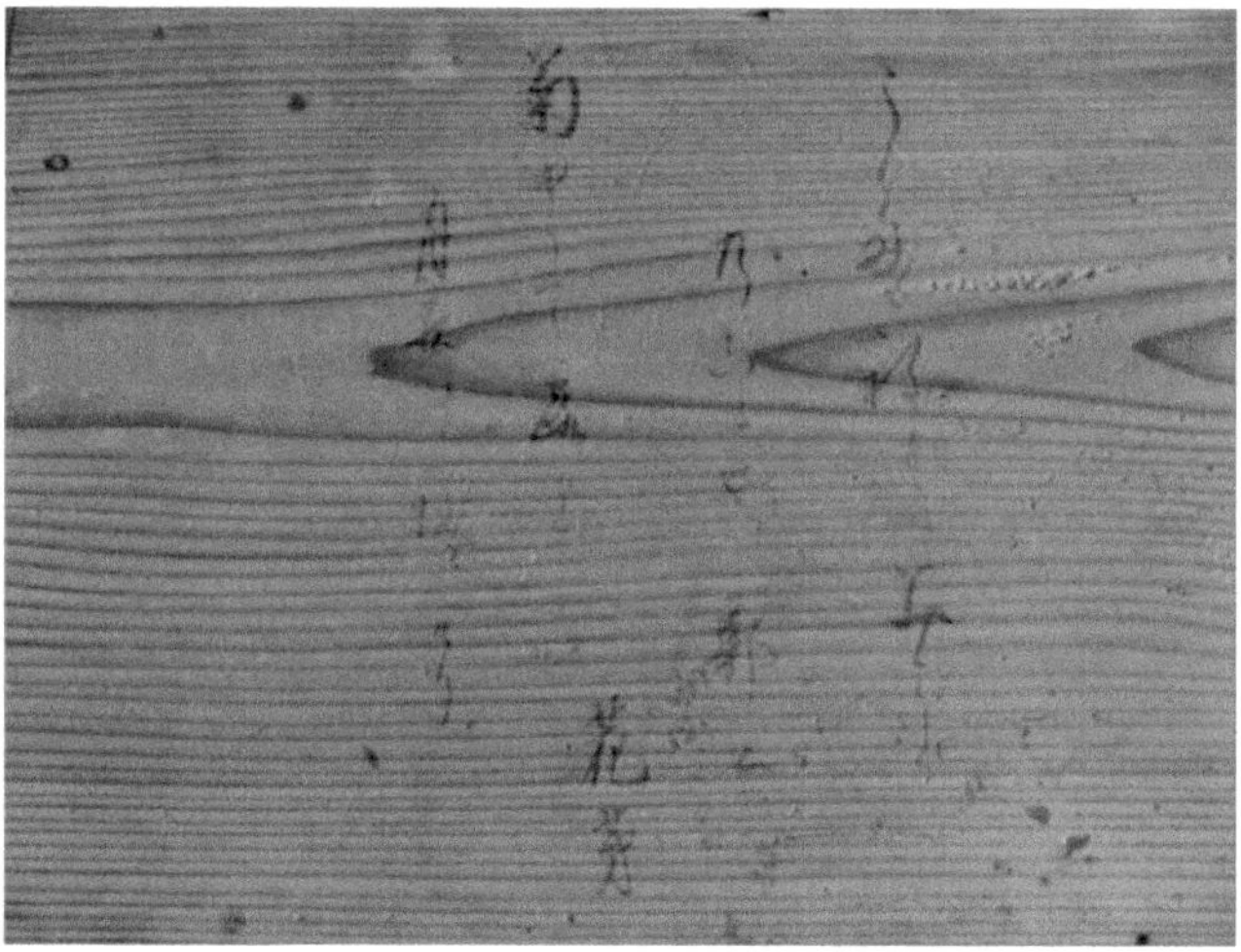

上　表　靭猿のようす

下　裏　和歌部分　安政の年紀はこの前にある

(四)『五人猩々図』二代狩野林泉(石川主春)(画面五四〇㎜×九一〇㎜)

二代狩野林泉こと石川主春が能の『猩々』を描いています。この石川家は同じ藩御抱絵師森家の吉道四男主親庄蔵に始まり、二代は初代林泉主幸、三代は林流主流、四代が主春二代林泉と続いて廃藩を迎えました。

彼は寛政八年(一七九六)生まれで、通称は四郎治、栄八、佐助でした。石川家三代林流主景の門弟から見込まれて養子に入り、弘化四年(一八四七)に、麻布一本松狩野家の狩野休清実信の計らいで狩野姓を名乗ることを許されています。嘉永五年(一八五三)に御給人並、安政四年(一八五七)に御絵師になりました。明治九年(一八七六)に八十二歳で死去しています。

画面ほぼ中央に大きな酒壺があり、背面には勢いのある滝が見えます。左から柄杓と赤地に松の舞扇で踊る猩々。二人目は大壺を撥で叩いて拍子をとります。三人目は長柄杓に朱塗りの大盃で跳ねるように踊っています。四人目は右手を地面について、左手を掲げています。相の手を入れているのでしょうか。唄を歌っているのかも知れません。表情は陶然としています。五人目は両手で手拍子をとっているようです。五人とも常軌通り真っ赤な髪の毛をして、同じ衣装を纏っています。絵の具の剥落が残念ですが、豪華な衣装デザインであることがうかがえます。袴は縞模様です。宴酣で、愉快な酒盛りの様子を描いています。

畫(画)の墨書はありますが、その上に署名はありません。畫の下に「主春」と「林泉」と印が捺されています。彼は嘉永四年(一八五一)に盛岡市北山の瑞鳩峰山報恩寺の羅漢堂の天井の龍図を描いていますし、呉服商糸治旧蔵のもりおか歴史文化館蔵『曲水宴図』が知られています。

酒壺の模様も微かに残ります。下の方は青海波模様になっています。飲んでも、飲んでも、汲んでも、汲んでも、不思議なことに酒が減らなかったと伝えられます。

三　扁額

（一）筆華堂文饒（猿橋義連）筆　『稲荷』六八〇㎜×一二一〇㎜

扁額中央に篆書で稲荷と大書されています。引首印は筆華堂、落款は筆華堂文饒書、小角朱印で猿橋氏、大角白印で文饒とあります。藩主に近侍した書記官である祐筆として活躍した猿橋野右衛門義連の揮毫です。藩主利幹の命によって享保のころに江戸で孟魯軒の筆法学んだと『盛岡市史・人物誌』の猿橋義近勇助のところに紹介された人物です。江戸では佐々木玄龍、佐々木文山兄弟に書を学んでいます。

孟魯軒の筆法は、彼の雅号筆華堂を継いだ久慈喜八郎文真が受け継ぎ、文真東皐の名で書き残した『孟魯軒筆法』が岩手県立図書館に所蔵されています。筆の入りや運び払い方や止め方など事細かく解説されています。

義連が亡くなった二年後に誕生したのが同族の猿橋義近です。明和八年（一七七一）二人扶持加増で六駄四人扶持（三十六石相当）となって祐筆から奥使を務めたのが勇助です。藩主南部利敬からその技倆が抜群であると歎賞され、「読めて、書けて、人は勇助。」言と言われた人物です。漢籍や古典がすらすらと読めて内容を理解し、筆を持っても書や絵が上手で、人柄も申し分ないと殿様から賞賛される人物でした。

この猿橋氏はもともと豊臣秀吉が小田原の後北条氏を攻撃するために奥羽の諸大名に参陣を命じた際に、出陣せずに改易になった和賀郡一帯を支配していた和賀氏に臣従していた太田氏の支族です。現在の西和賀町沢内の猿橋が本貫地だったため、その地名を氏族名にしていたわけです。

岩手県立図書館に彼の書いた『浣花帖』が伝存しています。現在の中国四川省の省都で、三国時代に劉備玄徳が建国した蜀の都であった成都の郊外に、渓谷や深淵からなる風光明媚な場所がありました。安禄山の乱で幽閉などの憂き目に遭って隠棲することとなった盛唐の詩聖と呼ばれた杜甫が、浣花草堂を建てて住みました。

この旧跡に晩唐の詩人韋荘が庵を結び、漢詩をつくり、漢詩集を編み、杜甫の草堂に因み、『浣花集』と名付けました。その漢詩を楷書、行書、草書、隷書、篆書で流麗に義連（文饒）が書き分けたのが『浣花帖』です。この扁額に用いられた「筆華堂」、「猿橋氏」、「文饒」の同じ三印がこの帖にも捺されていました。

裏面には、享保十五年（一七三〇）三月九日に森岡久慈町の村上彦左衛門吉住と村上次郎兵衛易将が奉納したと記されています。現在の盛岡市材木町にあたります。城下をつくる際に、久慈地方から働きに来た人々が住み着いて、町名になりました。

材木町は北上川左岸からの荷の積み卸しに便利なつくりの商人の町でした。現在でも石垣と石段が残っています。水運を活用しながら、護岸を兼ねていたわけです。この久慈町界隈の商人たちは商売繁盛の神様である厨川稲荷神社への信仰を深めて行きました。

盛岡藩は、盛岡八幡宮への参拝者の集中による混雑を避けるために、久慈町など城下の西部と夕顔瀬橋を渡った城下の西郊の地域（現在の夕顔瀬町、新田町、境田町、中堤町など）の住民たちは、初詣や七五三参りなどには厨川稲荷神社に参拝するように命じられました。

久慈町の商家は度々、藩へ献金して士分に取り立てられた者も沢山いました。『諸家系図』には百石席の村上民弥家が見えます。

上は扁額

下は岩手県立図書館所蔵　　猿橋義連『浣花帖』から

（二）三井親和筆　『稲荷社』　六〇六㎜×一一一〇㎜

引首印は「大雅」、中央に「稲荷社」、左に深川と改行して、三井親和篆と二行刻まれ、小角印は「親和之印」、その下に「君子以古為匆」の丸印があります。

裏面には、安永三年（一七七四）九月吉辰敬白とあり、奉納者は古澤康伯と古澤康命と刻まれています。

三井親和は、龍湖や孺卿などの雅号を用いました。早朝から馬術と弓術を一刻ほどそれぞれ稽古するほど武芸に秀でた人物で、その後は書に勤しみました。午後になると招待された大名や旗本に請われるままに馬術、弓術に書も教えたと言います。

諏訪藩主の弟で旗本だった諏訪盛條（すわ・もりえだ）の家臣三井之親（みつい・ゆきちか）の次男でした。元禄十三年（一七〇〇）の誕生で、天明二年（一七八二）に死去しています。儒家でもあった細井広沢に書や篆刻を学び、関思恭、松下烏石、平林惇信と並んで細井門下の四天王と呼ばれました。広沢は御側御用人から出世してく柳沢吉保に仕えた人物です。

高崎藩主で老中に上り詰めた松平輝高の知遇を得て、深川に馬や弓の稽古をするために広大な敷地と家を賜って生活には不自由しなかったと言います。寺社の扁額や寺社の祭礼の幟、商家の暖簾から、帯や着物、浴衣や法被に手拭いまでも親和染がもてはやされ、当代きっての流行書家でした。

大槌町の見生山大念寺には、「観世音菩薩」の幟二流と、不動堂と観音堂にはそれぞれ「不動尊」、「観世音」の扁額一面ずつ掲げられています。

「観世音菩薩」の幟の引首印は「天與子孫　富貴昌宜」が捺され、東都深川親和七十二歳書の下には「富賀岡」が押されています。天は子孫を與え、或いは興し、富貴は昌に宜し（よろし、ふさわし、このまし）という意味でしょうか。親和の自邸が深川の富岡八幡宮の側だったために用いた印だと考えられます。

ご愛敬ですが「不動尊」額は「親和之印」が右に一八〇度回さないと正しく読めないように誤って逆様に彫られています。同じく大槌町赤浜の三日月神社には、「南山献壽栢」の一幅が伝わります。『詩経』のなかに、終南山が崩れることがないように、永遠に寿命が続き、事業が続くことを言祝ぐために酒栢を献じるという意味です。

一日中忙しい彼に対して、身の回りの世話をする女性を紹介されて結婚しますが、その妻は高齢で出産は出来ません。彼女は若い娘を側に置くことを親和に懇願して、儲けた子どもが龍洲親孝になります。五十歳を越えてからの跡継ぎの誕生でした。その親和の息子、親孝の扁額は大槌町安渡の二渡神社、現在は大槌稲荷神社と呼ばれています。ここに「正一位稲荷宮」の扁額が現存します。先ほどの三日月神社には「参日月」（三日月）の石製の扁額が伝わります。大槌町吉里吉里の前川稲荷大明神には、「東榮丸」の船名の扁額が伝わります。ここまでで親和と親孝父子の染筆によるものが七つ大槌町内に確認されました。これは郷土史家の徳田健治氏のご尽力によるものです。このほかに徳田氏は、山田町大沢の「八幡宮」が親和、山田町大沢の「霞露嶽」が親孝、釜石市栗林の「八幡宮」は親和らしいことなど、藩政期の大槌通にあたる釜石市、大槌町、山田町の悉皆調査を提案しています。南部領内でリアス式海岸の多種多様な魚介類に恵まれた大槌通のものの生産加工物が盛岡藩の財政を支えましたし、前川善兵衛家を頂点とする一種の地域コンツェルンが機能していたからだとも言えます。その経済力と信仰心を確認出来る文化財であり、この調査の必要さを私も切望しております。

引首印「大雅」は薄い
周り飾りは安定しているため下の板の隙間もこれ以上は広

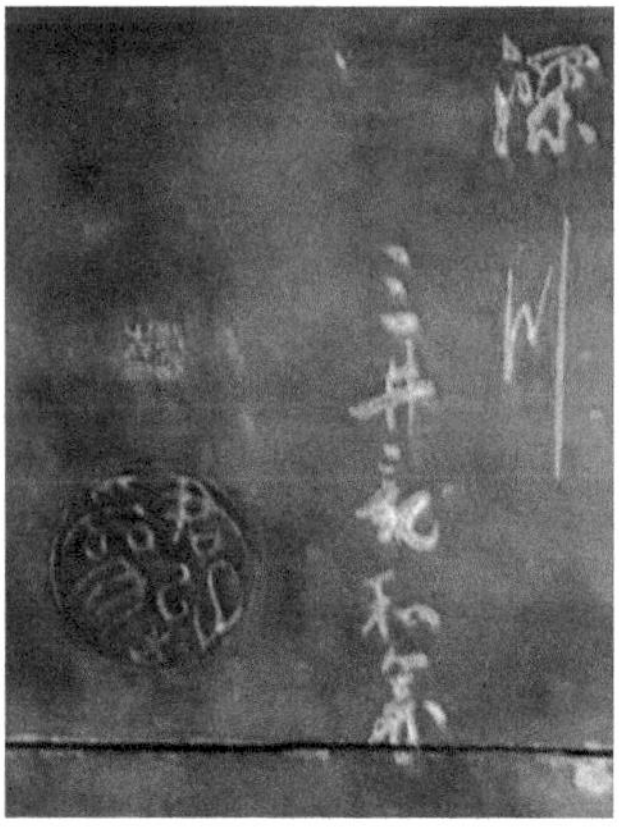

右は上が「親和之印」下が「君子以古為勿」右は署名

俵物と呼ばれた中国向け輸出品の干鮑、干海鼠、鱶鰭を始め、様々な海産物の採取、生産加工、集荷、運送で財をなした前川善兵衛はじめ、大槌の人々が蓄財できて、江戸で名声が高かった親子に揮毫を頼み、地元の寺社に奉納していたことがわかりました。奉納しようとする信仰心と、それを支える財力に富み、文化的レベルが高かったことの証明になります。

奉納者の古澤康伯は理三郎、長作、清左衛門と名乗り、御駕籠頭、沢内通代官、勘定頭、後御側奥使を務めた人物です。『盛岡藩領内通分諸上納金銭雑記』（題簽は『御領分通分諸上納金銭雑記』）の文政四年（一八二一）書写本が岩手県立図書館に所蔵されています。内容的には『邦内貢賦記』と同じですが、初丁の八行も書写し、当時の金、銀、銭の換算を記録して残したのは、古澤康伯の功績です。勘定頭であった彼らしい仕事ぶりで、その能吏ぶりの一端を窺わせます。

藩主側近として、三十三代の南部利視（としみ）と三十四代の藩主利雄（としかつ）に仕えました。藩主の参勤交代に伴って、江戸詰めの際に三井親和との交流があり、揮毫を依頼したのでしょう。古澤康命は弟でしょうか。残念ながら『諸家系図』では確認出来ません。

（三）松下烏石筆　『稲荷社』　四七八㎜×九〇四㎜

右上に引首印の「天覧」。文字は「稲荷社」。右下に「艸莽間臣」の角印と「辰」の丸印が捺されています。

松下烏石は幕臣松下常親の次男に生まれ、墨花堂佐々木文山と儒家であり、書家、篆刻家としても有名な細井広沢に書を学びました。重複しますが三井親和とともに広沢門下四天王の一人です。大田区大森の磐井神社へ、上部に鳥の模様に見える部分がある石を奉納しました。現存するこの石にちなんで烏石を雅号としました。

晩年は西本願寺門主の賓客として京都で過ごし、親鸞聖人への大師号下賜事件の中心にいました。公家や僧侶の処罰された記録はあっても烏石については不明です。『平安人物志』にも見えます。この扁額の奉納者は、裏面に朱漆で「文化三年丙寅五月吉日　前川善兵衛富長」とあります。小品ながら漆箔仕上げで、飾り金具も付き、作りが丁寧で品のある仕上がりになっています。広沢門下四天王の内の二人が揮毫した扁額が、江戸を遠く離れた盛岡の厨川稲荷神社に二面現存することは奇跡です。文化三年は西暦一八〇六にあたります。

奇跡は重なります。国立研究開発法人　水産研究・教育機構　中央水産研究所　中央水産研究所図書資料館所蔵「前川善兵衛家文書」の中にある文化三年の金銭出納帳にあたる古文書に「一　金三歩ト三匁　御額壱面　右者厨谷川荷稲奉納入用」とありました。稲荷を荷稲と書き間違っています。一両を十万円、一両を銀六十匁で換算しますと約八万円と、この扁額代がわかったことも大発見でした。

前川富長は六代目として凋落し始めた前川善兵衛家を支えるために盛岡の赤澤氏から婿養子に入った人物です。

天覧とは、天皇が見るという意味ではないでしょうから、天よ、ご覧くださいという意味でしょうか。草莽間臣も特定の主人に仕えず、在野にありながら天下国家に大事があるときに役立つ、国に仕えている家臣という意味でしょうか。志を持った在野の人々が一斉に立ち上がり、大きな物事を成し遂げようとすることを意味する言葉で、幕末に吉田松陰が用いた草莽崛起を彷彿とさせる言葉です。

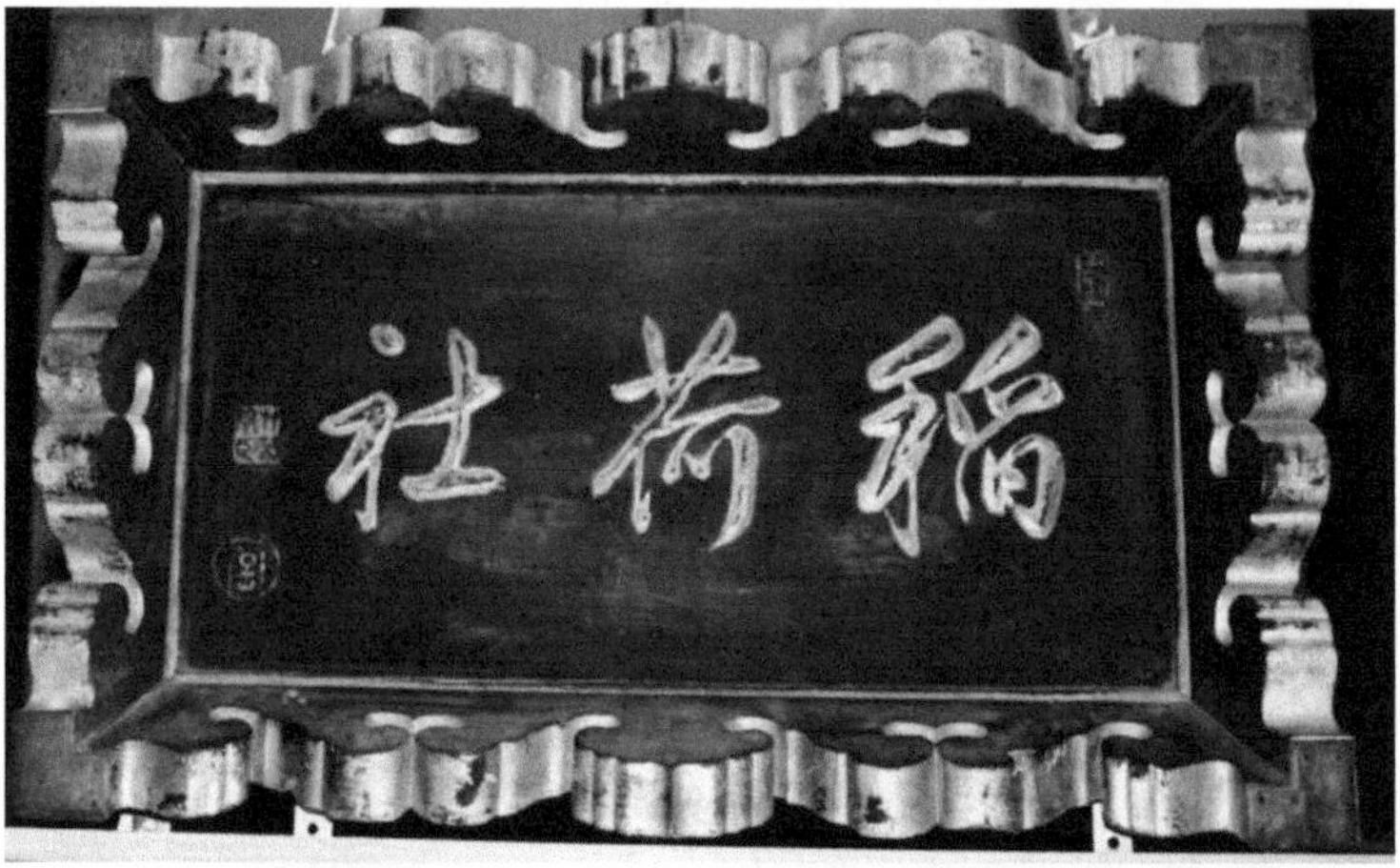

上から時計回りに扁額、裏書き、
辰、草莽間臣、天覧の三印

前川前兵衛家は盛岡領内の鱶鰭、干鮑、干海鼠などを詰めた俵物の生産、集荷、運送に携わり、江戸は勿論、大坂や長崎への出張もあり、往復の道すがら京都に立ち寄って揮毫を依頼することは可能でした。あるいは前川稲荷大明神の「両社殿」のように過去に揮毫した紙をもらい受け、扁額に仕立てたのかも知れません。鯣や布海苔、〆粕に魚油、赤魚、味噌なども大量に運んだ運送料などで財をなしていました。

大槌町の前川稲荷大明神には同じく烏石の手になる『両社殿』という扁額が伝わっています。現在の社殿である覆屋のなかに、向かって右に厨川稲荷神社を勧請した稲荷社と左に弁天社の祠が祀られています。この大明神の南西の小高い、海が見える丘に東を向いて墓石が立ち並ぶに前川善兵衛家歴代の墓地があります。この麓周辺から前川善兵衛家の屋敷だったと伝えられますから、本来は広大な屋敷地内にあった屋敷神様で、雨露をしのぐ屋根だけの覆屋あるいは、現在のように四方も壁で囲む覆屋が造られていたのでしょう。勧請元の厨川稲荷神社も江戸時代は、本殿を覆屋（鞘堂）が守っていたことが『御領分社堂』に記されています。二つの社殿の現状からは雨ざらしではなかったと考えられます。この『両社殿』の扁額は、明和六年（一七六九）に前川善兵衛が古里屋佐兵衛の弟武助に依頼して入手したものとわかっています。この武助が後に出家して仏眼祖睛となります。武助が京都の烏石を訪ねて、すでに書いてあったものの中から与えられたものであると中央水産研究所図書資料館所蔵「前川善兵衛家文書」に記されていますから、同様であった可能性もあります。同じ「前川善兵衛文書」には、藩主南部利視が前川家訪問の際、前川稲荷大明神を参拝して、自分に縁ある神を累代守って信仰し続けていて、有り難いという意味の発言が書き留められています。三十三代利視の祖母で三十代行信夫人の慈恩院、父の三十二代信恩、信恩の夫人で生母浄智院と厨川稲荷神社を篤く信仰し、妹の今姫の安産祈願もするほど信仰していました。利視自身も享保九年（一七二四）に参拝したと盛岡藩家老席日記『雑書』にあります。藩主家一族が信仰していた神社を勧請して屋敷地内に前川稲荷大明神として建立し、藩主家の武運長久、自家の子孫繁栄、家業繁盛、家内安全などを祈願してきた前川善兵衛家に対して、利視は一層親しみを感じ、感慨深かったに違いありません。父が死去した際には母の胎内にあり、将軍の御目見えが済んでいなかったので、叔父利幹が三十二代藩主に就任し、その後を襲って三十三代当主として次の藩主になり、稲荷神のご加護と思っていたかも知れません。前川善兵衛家では三代助友が隠居して怡顔と名乗ります。家業は四代富昌が継いでいました。彼は、野田通の中野氏からの婿養子でした。息子の与惣治と苦労して盛岡藩の財政の苦境を何度も滅私奉公で支えました。怡顔は長寿を授かろうとする藩主家の乳児を城内で抱くほど特別の待遇を受けていました。

南部利幹像

もりおか歴史文化館蔵

南部利視像

もりおか歴史文化館蔵

（四）山口剛介筆　『稲荷神社』　六六五㎜×一二五〇㎜

調査前は、拝殿外側の正面に掲げられていました。漆喰仕上げに見えましたが、採寸や写真撮影のために下ろしてみますと、金箔が微かに残り、金箔仕上げとわかりました。拝殿の屋外正面に掲げられ、風雨や日の光に晒され、剥落が進んでいたのです。印のところも剥落がひどく、判読出来ませんでした。ところが幸いなことに、盛岡市先人記念館にご子孫から『山口剛介・刀岡印譜集』が寄贈されていて、最初の頁に捺されていた印で、ゴウスケの音を生かしながら、人と人との出会いを助ける意の「倍」を使っていました。「刀岡」は「剛」の文字を分けて、左右を交換していますし、や「五雨」もゴウの音から印として用いたのでしょう。印譜集には、意匠的にも面白い様々な印があります。剛介の茶目っ気たっぷりで、ユーモラスな人柄が浮かび上がって来ます。

硬腸

五雨

刀岡

（逆の腸硬の印も存在する。）

メインの料理にはなれなくても、捨ててしまいがちな魚の骨（アラ）や腸からはいい出汁がでて、旨みがありますよという意味なのでしょうか。剛介のゴウの音を五つの雨で表し、剛の文字を二つに分けて刀岡としています。山口剛介は『盛岡市史・人物誌』に書が巧みで、詩を能くして、俳諧を嗜み、酒を好んだとあります。安政四年（一八五七）に盛岡藩士山口秀木の長男として生まれ、伊藤長有や山崎鯢山に学び、警察や学校に勤めて書を教授していました。酒を得て、酔い始めると乞われるままに、求めに応じて揮毫しました。教える時は手本を与えず、一緒に筆を持って教えたと伝えられます。写真をみますと口髭と顎髭をたくわえ、飄々としたなかにも豪快さが伝わってきます。実は印譜集に次の印がありました。

「鯢山翁二十年祭事務所」

「腸硬」

左の印は、山口剛介が師匠であった山崎鯢山の二十年祭を企画して、事務所を担当していた裏付けになります。

同じ『盛岡市史・人物誌』には、幕末の剛介がまだ若い頃、藩校での講義が始まっていた時、大きな足音を立てて教室に入り、遅刻してきたにもかかわらず、着座して何事もなかったかのような態度で講義を受け始めた際に、鯢山も動じずに講義を続け、一切咎めなかったという逸話が紹介されていますが師弟愛を彷彿とさせる印です。

盛岡市先人記念館には、宮田重治呉服店のために剛介が筆を執った舗訓の額が寄贈され、所蔵されています。宮田重治は呉服店の他に醸造業など新規事業に着手して発展させた実業家でした。まるで舗訓を認めてもらいたい宮田重治が筆を執る剛介の側にいて、日常感じていたことを、子孫や従業員に話して聞かせるように語ったことを、剛介がそのまま聞き書きしたかのような感じがします。内容の説得力、スピード感と臨場感のある教えや戒めが次々と続きます。二人の信頼関係の深さが伝わります。大正十三年は歳次が甲子で、十干十二支の最初の年です。新しい暦の始まる元日に縁起や幸先を考え舗訓を書いてもらうことを考え、即実行に移せる間柄だったようです。このような二人の信頼関係からも厨川稲荷神社のこの扁額も揮毫は山口剛介ですが、奉納寄進者は宮田重治ではなかったでしょうか。

（五）『正一位稲生大明神』　三五〇㎜×八八〇㎜

表には太めの柔らかい筆致で八文字が二文字ずつ四行に書かれています。胡粉の痕跡で文字がやっと読めます。裏には肉眼では文字があるかないかもわからないほどになっていますが、赤外線をあててみると、文永年間世尊寺正　二位経朝卿行書令　釐在集古十種中盥　慕跋掲本祠□文化　紀元歳次甲子□陽　十九日　の文字が見えます。この後にも署名と花押があるように見える部分はありますがほとんど見えません。（□は文字判読不明）

文永年間（一二六四～一二七五）に書の世尊寺流を伝えていた正二位の中御門経朝卿が筆を執った扁額が、八代将軍徳川吉宗の孫で、将軍になる可能性をなくすために白河藩の養子とさせられた老中松平定信が編纂した『集古十種』十八（扁額）に掲載されていました。敬って本祠（厨川稲荷神社）の扁額として文化元年（一八〇四）の九月（断定は出来ませんが）十九日に奉納です。残念ながら奉納者は摩耗がひどく判読できません。

『集古十種』とは、老中を務めた白河藩主の松平定信が、当時第一級の学者と絵師を動員して全国各地の古美術品などを現地に赴いて見聞、書写して種類別に分類した木版図録集です。第一次刊行は寛政十二年（一八〇〇）で、その後も増補されて最終的には全八十五冊となり、一八五九点の文物を紹介しています。碑銘、鐘銘、楽器に印璽と文房、扁額、銅器、肖像、書画など多岐にわたります。参加した絵師は、谷文晁、弟の大野文泉、僧白隠、住吉廣行、森川竹窓らで、古器物を見事に模写していますが大変見事です。寛政十二年（一八〇〇）に完成したばかりの『集古十種』を手にして、盛岡藩士たちも胸躍ったに違いありません。中には領内の櫛引八幡宮や遠野南部家の什宝である甲冑類も掲載されています。

藤原行成から始まる世尊寺流の中御門経朝の書蹟を模写して、書き上げて奉納したということなのでしょう。世尊寺流は、藤原行成に始まり、小野道風や藤原佐理も、この流派で、行成の建立した寺院名にちなんでこう呼ばれ、十六世紀に途絶えるまで、最も権威のある書法として、宮廷や貴族層が用いました。

『集古十種』十八の扁額には、「世尊正二位経朝卿真跡」、割書で長一尺六寸一分二厘、廣八寸五分五厘。その後に、正一位稲　生大明神と大書され、文永十一季甲戌二月廿三日庚午書之とあり、行を改めて、一位藤原朝臣経朝とあります。大書の文字と扁額の文字は全く同じ文字です。文永十一年は西暦一二七四年にあたり、文永の役（最初の蒙古襲来）のあった年です。文字の書風は、よく真似られて、そっくりです。

『集古十種』１８　扁額　中御門経朝の部分

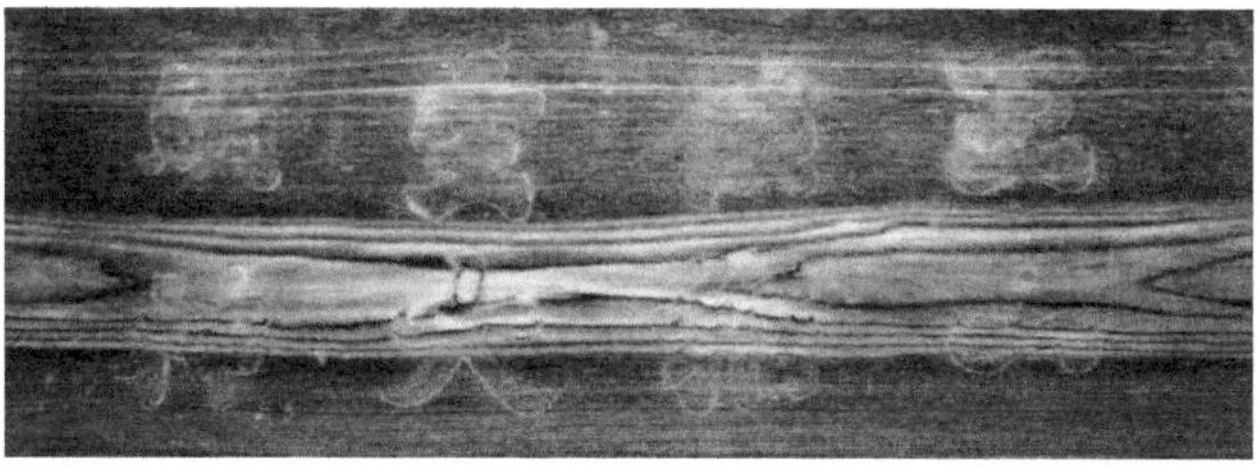

縦二文字ずつの正一位稲生大明神の扁額

（六）『正一位稲荷大明神』（自然木）　三六五㎜×五九〇㎜

右に縦に「正一位」、横に右から左に「稲荷大明神」、左下に「光連」そのすぐ下に印風に「股氏」と彫られています。文字には朱色が塗られていた痕跡があります。

自然木をあまり加工しないで、曲がった木の勢いを利用した扁額になっています。裏には、朱漆で「文化五丙辰歳九月吉日」と書かれ、一行開けて「久慈町　斎藤善蔵」とあります。これが奉納者だと言うことでしょう。染筆者は猪股光連のような名前だったのでしょう。

問題なのは文化五年の干支です。丙辰とありますが、文化五年（一八〇八）の干支は、戊辰なのです。辰年であることは間違いないのですが、「丙辰・ひのえたつ」と「戊辰・つちのえたつ」を間違えるでしょうか。単なる勘違いなのか、何が意図的な誤りなのか疑問が残ります。直近の丙辰は寛政八年（一七九六）になります。久慈町は現在の材木町にあたります。

北上川水運を活用した荷揚場がある商人町です。夕顔瀬橋を渡って雫石街道にでますから、交通の要所でもあります。商売繁盛を祈願した商人あるいは士分のものが奉納したとも考えられます。城下西郊にあたり、この地域の人々は盛岡八幡宮への参拝緩和のために厨川稲荷神社への参拝を求められた地域にあたります。

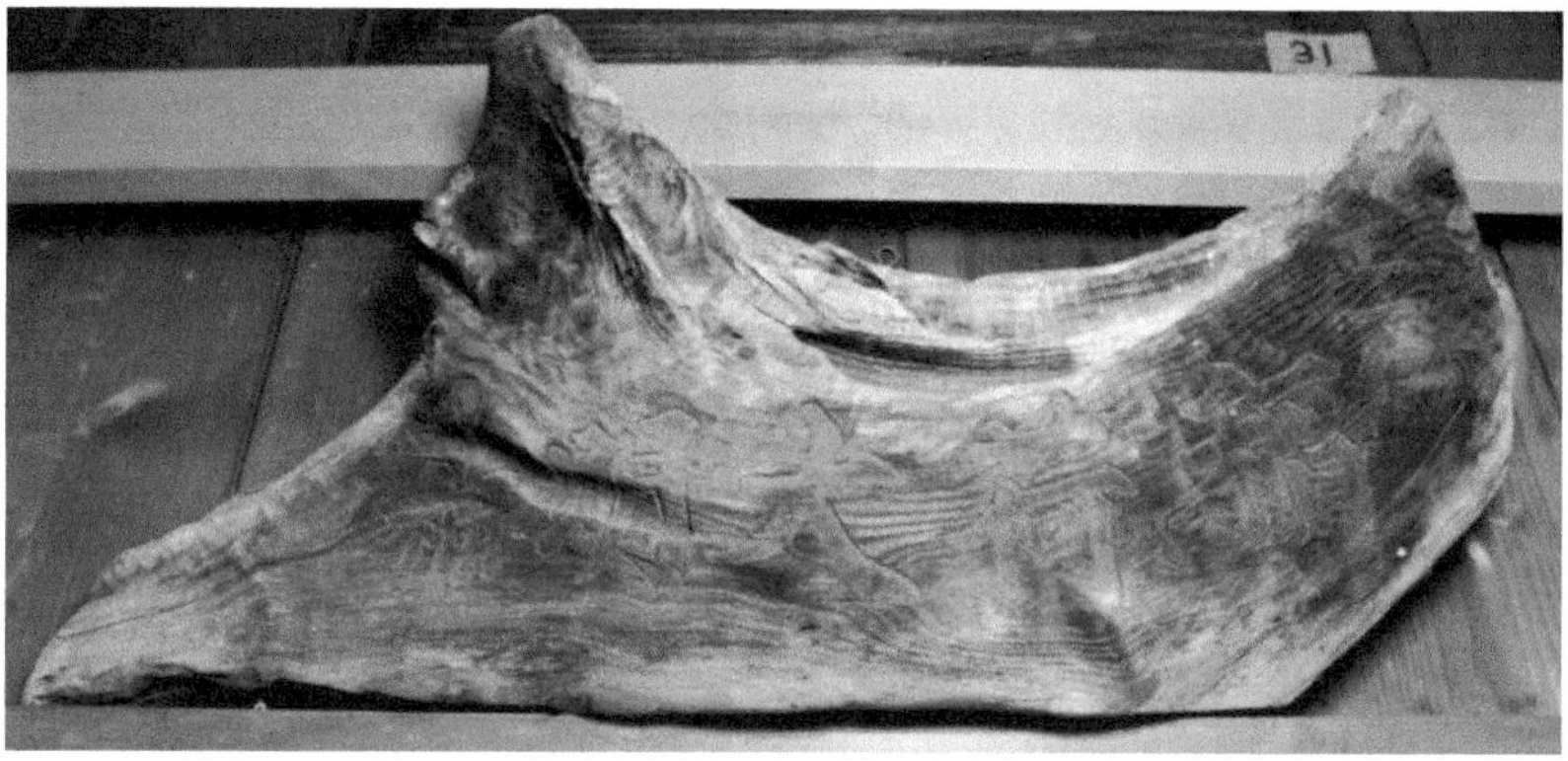

自然木を利用してつくられたたった一つの扁額

左　光連　股氏

右　干支の違う朱書き部分

（七）『稲荷社』　七二五㎜×九八五㎜

墨は薄くなってやっと判読できる程度です。溢れんばかりの筆致で「稲荷社」の三文字が何とか読めます。引首印や落款はないようです。元々の枝があったことがった節が幾つかあります。だんだん気にしなくなったのか、奉納材だから柾目にしようとか、できるだけ立派な材を選ぼうと意識しなくなっていることがわかります。

裏は九十度違った角度で「厨川正一位　五穀豊穣　稲荷大明神　諸願満足」の二行を大書し、少し小さい文字で、文政七甲申歳」改行して「九月吉日」と書いています。誰が何を祈願したのか何も触れられていません。文政七年は西暦の一八二四年にあたります。

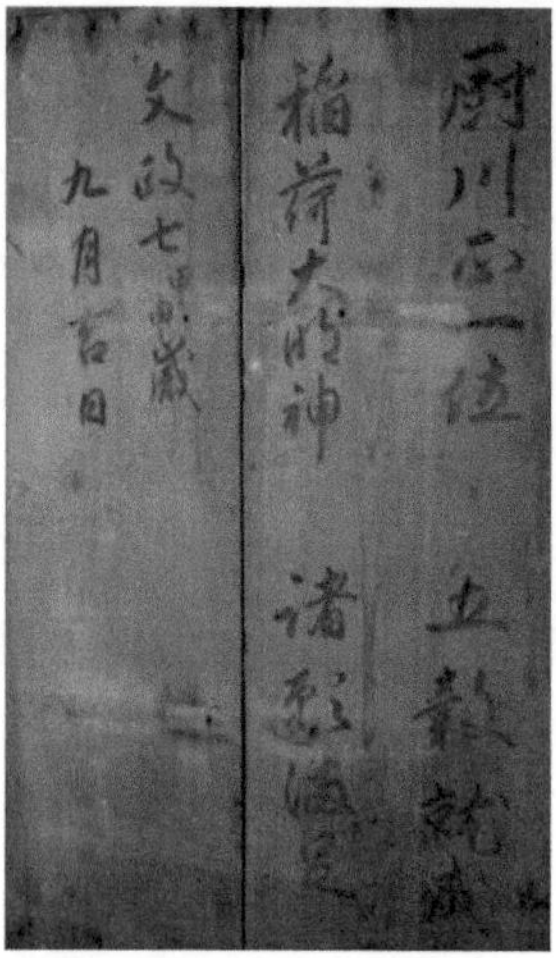

表と裏の向きが異なる一面

（八）弘化四年奉納『正一位』扁額　六三五㎜×三〇〇㎜

色褪せていますが、周り飾りの内側は朱色、縁取りは金箔仕上げです。正一位の文字のところに胡粉が残ります。「正」の文字は特徴的な筆致です。裏には、次のように刻まれています。

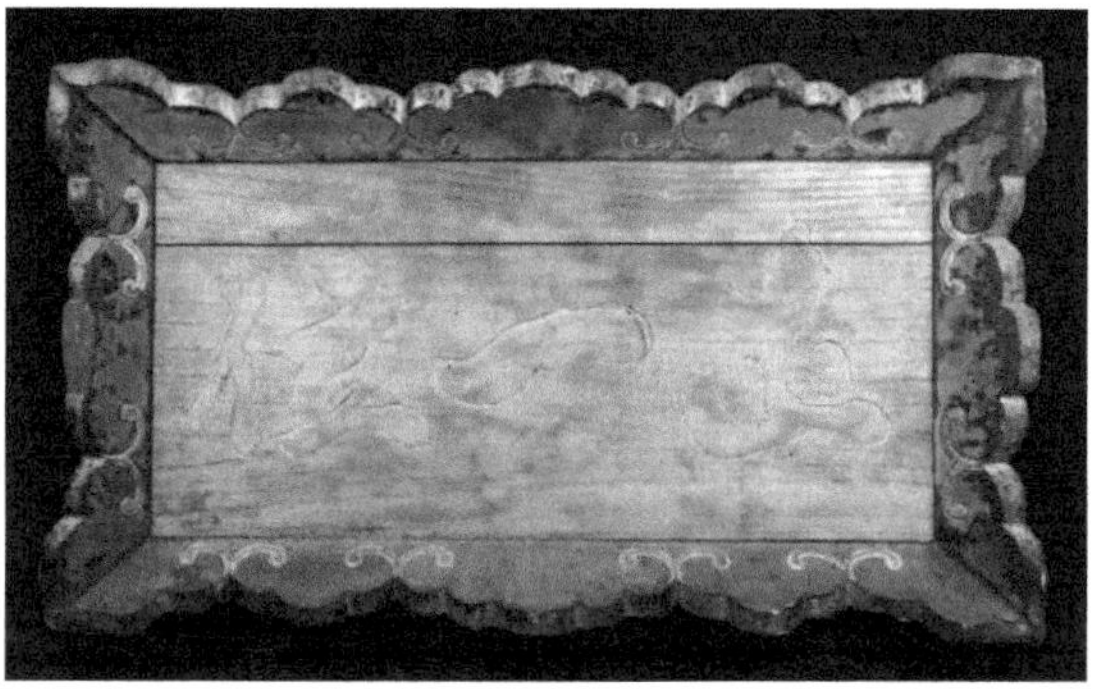

弘化四年丁未四月八日
某等
謹齋沐捧額幟拜言
正一位厨川稲荷大
明神廣前神之為霊
昭々也天下皆知其
為祥也是人所能使
為霊也若神之霊亂
非人之所能使為霊
也然神弗得人無以
神其霊矣大明宣昭
崇祀式孚嗚呼休哉
佐藤和平美清
本多荘七兵悦

中邑門兵衛貞直
相田茂（蔑）八郎景光
敬白

正一位厨川稲荷大明神の御前に沐浴潔斎をして、扁額と幟旗を奉納することを申し上げます。現在でも厨川稲荷大明神の霊験はあらたかで天下に知れ渡っています。その恩恵を沢山授かり幸せに思います。神の御意志を伝えるべき使者を遣わされることに感謝いたします。神の御意志は、信仰心のない人に神の使者が誤って遣わすことがないようにしてくださっている。だからこそ、益々祭祀を休むことなく行い、御加護の霊験があることを大いに広めて行こうと神前に誓いますと刻まれています。

『諸家系図』には中村門兵衛家だけは確認できます。残念ながら他の四名は見当たりません。ただ列挙されていますから、全員が盛岡藩士であろうと推察できます。この四人の関係についてもわかりません。

（九）東芽筆『厨川稲荷神社』　六二〇㎜×二二一〇㎜

中央部に罅が入っていますが厨川稲荷神社と横書きに墨書されています。裏には、ほぼ中央より、やや左下に「七十叟　東芽」と墨書が確認できますが、奉納年月日などはありません。靭猿の絵馬の裏面の和歌は花茅あるいは花芽との関係があるのは不明です。

拝殿前の石製神狐像

（十）明治廿一年（一八八八）奉納扁額　三八〇㎜×六六五㎜

表側は、奉納　稲荷社　明治廿一天五月一日　中村　の部分の墨は薄くなっていますが、なんとか読めます。裏側に墨書の形跡はありません。

（十一）大正七年（一九一八）奉納扁額　四五五㎜×六五〇㎜

表の文字は判読できません。上下二枚の板は隙間が空いてきています。文字数からすれば稲荷社なのでしょう。裏には大正七年陰暦九月廿九日納とあります。

（十二）昭和三年奉納扁額（一九二八）　五四五㎜×八五〇㎜

表は横書きで右から左に上部に奉納、中央に稲荷神社とあります。左端に山形にカタカナのヨ昭和三年十月十八日　厨川稲荷馬車組合と縦書きされています。

裏は何も記されていません。神社がある場所は秋田への街道や雫石川から北上川への舟運など交通の要所でした。現在もヤマト運輸があるように、運送を担った馬車組合からも尊崇を集めていたことがわかります。

（十三）昭和五年奉納扁額（一九三〇）　四〇〇㎜×五四五㎜

表に縦書きで稲荷神社、工藤良憲と見えます。裏には昭和五季十月九日拜書、「松原良憲」この下に朱印が手書きされていますが読めません。

（十四）昭和八年奉納扁額（一九三三）　三七二㎜×四〇五㎜

白木仕上げです。周り飾りと平面の区画と奉納、稲荷神社の文字に金箔が施されています。昭和八年九月廿九日と厨川村平賀新田　工藤勝蔵　廿一歳　は黒漆仕上げになっています。昭和八年（一九三三）は、前年に血盟団事件、上海事変、満州国建国宣言、五・一五事件があり、この年に日本は国際連盟に対して脱退を通告しています。廿一歳は数え年ですから徴兵検査を受け、入隊前に武運長久、身体堅固などを祈願して扁額を奉納したと考えて良いでしょう。汚れも傷もありません。この地域の人々は応召され、入隊や戦地に向かう際は、出征兵士の壮行式なども、出発前の参拝と一緒

に行われていたと言います。明治に村社になってからはそのような役割も担っていました。

（十五）昭和十五年奉納国威宣揚扁額　六三〇㎜×九二〇㎜

表には横書きで右から左に上段は奉納、二段目には、国威宣揚とあり、中央に、針金で金属を留めていた痕跡があります。周辺より日焼けしていません。短剣か短銃などを掲げていたのでしょうか。現在は何を留めていたのか、知る人物はいません。下段に皇紀二千六百年とあります。これは初代の神武天皇即位を紀元とする暦で、西暦一九四〇年昭和十五年にあたります。右下に縦書きで佐々木兵助、照井長次郎と二行があります。

日米開戦の前年にあたります。当時の政府は、国民の気持ちを結束させ、戦時体制強化をめざして次々の政策を実行していきます。日中戦争の長期化が進む一方で、停戦や終結の見通しが全く立っていません。日独伊三国軍事同盟、日ソ中立条約の締結や北部仏印進駐、大政翼賛会の発足など戦時体制が確立されていきます。戦争の拡大、長期化を避けられなくなり、国民の団結、戦意高揚へ繋がることであれば、積極的に国策として推進されていく時期の様子を読み取れる額です。

（十六）昭和講和之日奉納神饌田扁額　五九五㎜×九〇五㎜

白木に墨で、上段に右から左に奉納、中央には、神饌田。下段には、盛岡市新田町　佐藤初五郎、右側に縦書きで、昭和講話之日　白鳥孜事とあります。裏に墨書はありません。揮毫した白鳥孜が二の鳥居の額の文字を書いています。佐藤初五郎は米穀商で財をなした人物です。

この講和之日とは、東京湾ミズーリ号上での降伏文書調印の日をさすのか、あるいは、サンフランシスコ講和条約調印日をさすのでしょうか。講和といっているので昭和二十六年（一九五一）のサンフランシスコ講和条約と考えるべきでしょう。

江戸時代に盛岡藩が厨川稲荷神社別当工藤家に与えた田の場所はわかりませんが、下厨川村にあって、二石六斗八升でした。この神饌田は現在の屋根付き土俵の西隣りにあたるのではないかと思っています。昭和二十一年（一九四六）七月二十三日に、譲与申請書を大蔵大臣北村徳太郎へ神主菊池鎌吉、氏子総代宮田喜代治、谷藤市助、藤田金蔵、藤原郁太郎、工藤清太郎が提出して昭和二十三年（一九四八）四月卅日に承認を得ています。神社のある住所は稲荷前ではなく木舘と呼んでいたこと、明治九年に村社になったこと、境内地が弐反六畝廿歩だったことなどがわかります。添付の絵図面に佐藤初五郎の土地が右下に見えます。ここを昭和二六年（一九五一）年に神饌田として、奉納した可能性

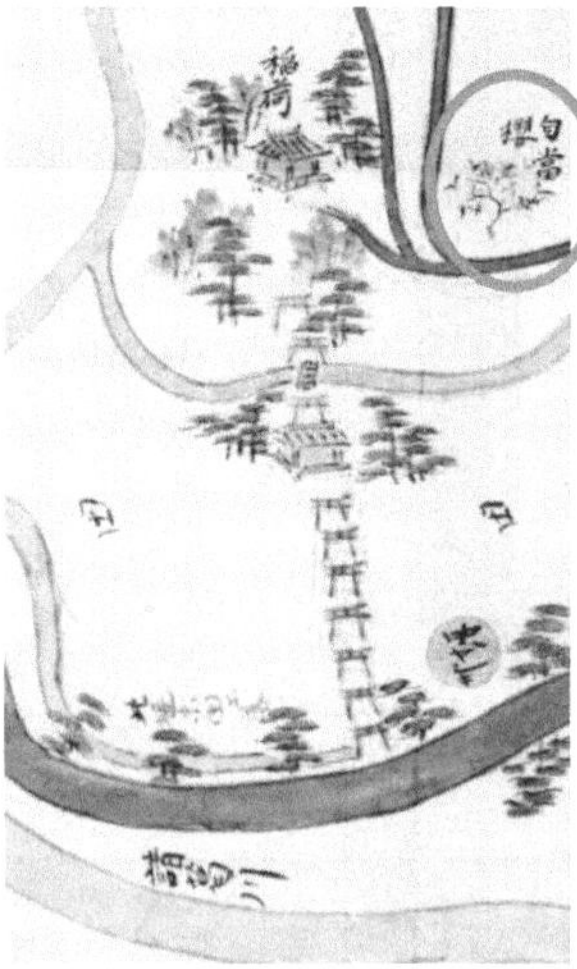

が高いと考えられます。境内立木材積表に杉や松などの中に四季桜が一本あって、目通り直径二尺、樹高八間と記録されています。もりおか歴史文化館所蔵の『厨川村絵図』には前九年合戦の敗戦時に、安倍貞任に近侍した盲目の勾当が淵に身を投じたという伝承に因む、勾当桜が描かれています。この伝承を残すべく植樹を実現したいものです。

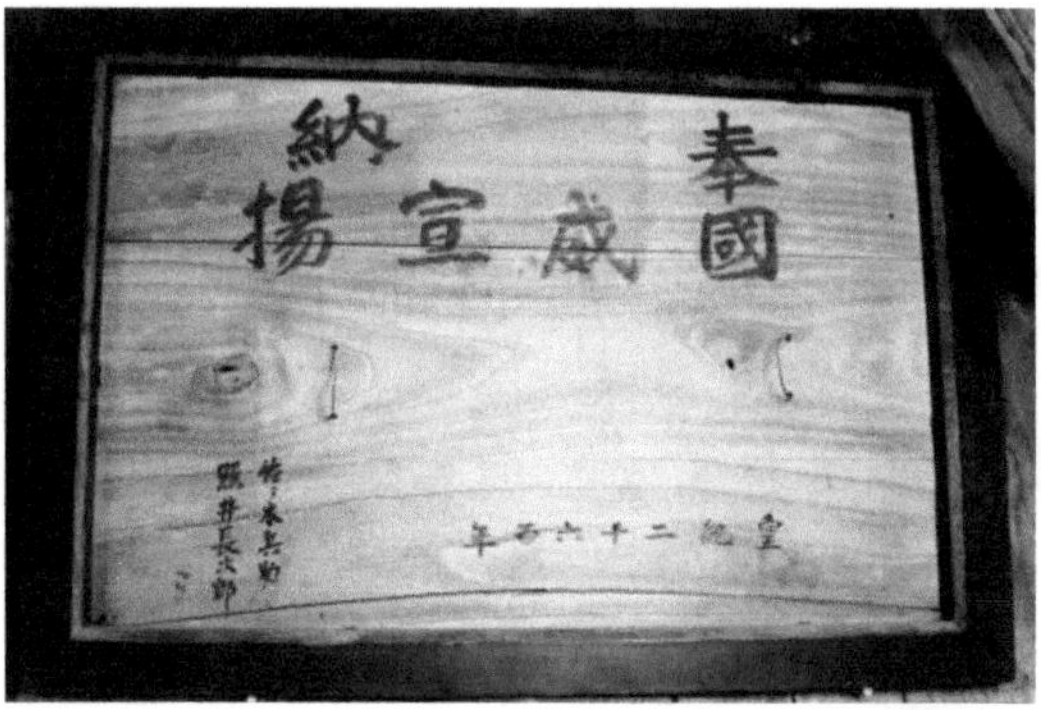

国威宣揚のために何を奉納したのでしょうか

戦後に神饌田を奉納していることが篤い信仰心を覗わせます

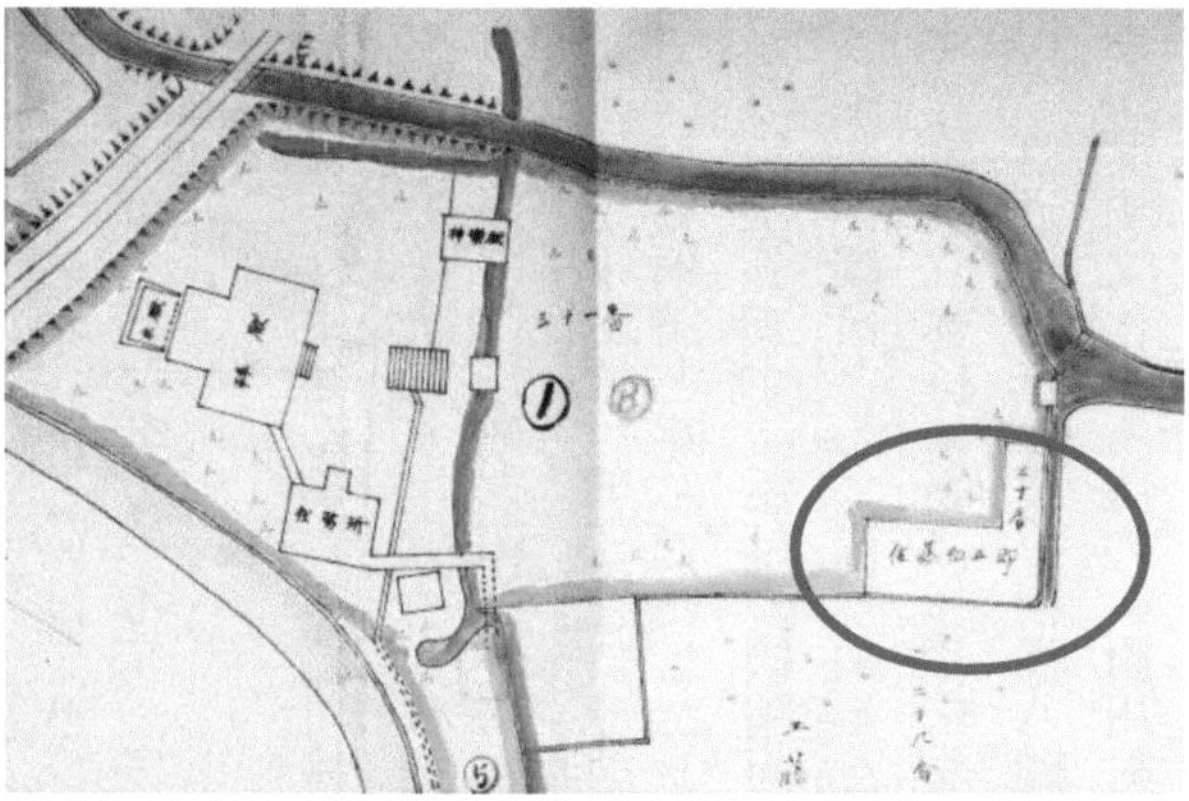

神楽殿が拝殿の手前にあり今と違います。

（十七）齋藤政吉奉納　豊穣扁額　六〇五㎜×一二六〇㎜

右から左ではなく、左から右に「豊穣」と大書されています。明治以降の奉納かと思われます。奉納年月日が記されていません。「豊穣」は旧字体で書かれています。下地は胡粉でしょうか。天地には塗った痕跡がありません。右端に、上厨川杦（杉）原　齋藤政吉とあります。裏に墨書はありません。上厨川杉原は現在の前潟一丁目信号から雫石川沿い周辺の地名だったということです。

白色は何のため何を塗ったのでしょうか

現在の拝殿　扁額や絵馬はすべて殿内に移す

（十八）稲荷社扁額　九三〇㎜×一四四六㎜

表には左から横書きで少し寸詰まりに感じるような太い文字で稲荷社とあります。社の文字には点が打たれています。内縁は面取り風に朱塗りされ、大枠は黒塗り仕上げになっていて、木目の美しいずしりと重い大きな一枚板で、材は大変立派な扁額です。稲荷の稲の文字の右側から下にかけて、縦書きに相原□□　藤原宗一郎　藤田源一郎　藤田□次郎　□谷次郎のように読める文字が薄くなっていますが微かに読み取れます。引首印は見えません。左端は清原あるいは指原影徳謹書とあり、その下に角印が二つあります。上の印は影徳ですが、下の印は読み取れません。裏面には何も書かれていません。

奉納者の氏名が判読出来そうで読めません

（十九）稲荷神社扁額　四三五㎜×八六〇㎜

表は左から右に横書きで稲荷神社とやっと読み取れます。他の文字は確認できません。裏には工藤長兵と書かれています。急いで書き込んだかのように工藤は大きく書かれ、長兵は一気に小さくはめ込むように記されています。上下二枚の板で出来上がっていますが、乾燥で隙間が広がっています。

（二十）ヤマヨ奉納厨川稲荷神社扁額　九七五㎜×六七〇㎜

周り飾りの雲形や続きの唐草文や表面の正面周り枠は金箔が施され、大変豪華に見えます。表は、横書きに右から左へ奉納とあり、中央には縦書きで厨川稲荷神社とあり、右下に、施主をあらわす、山形に片仮名のヨに株式会社とあり、ヤマヨ株式会社奉納とわかります。ニス仕上げで、木目の美しさを際立たせています。ます。裏にも施主の会社名はありますが、個人名や奉納年月日はありません。今は多角化していますが、北上川や雫石川の舟運や、秋田街道を利用して荷を盛岡へ搬出入した馬車運送から起こった会社です。神社の立地から場所柄を感じます。

（二十一）工藤千太奉納鳥居形額　四一〇㎜×四五五㎜

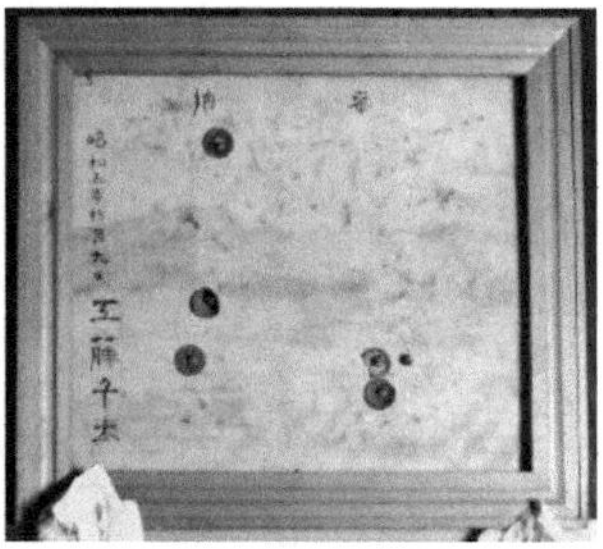

鳥居形の貼られた扁額の表は、横書きで右から左へ奉納とあります。中央には鳥居型に穴開銭ふうの鋲が打ち込んであります。穴開銭形は五つ、これを留めた鋲は六つ、残っています。穴開銭があった痕跡が白くなっています。左端には、昭和五年（一九三〇）拾月九日、この後に少し文字を大きめに、工藤千太とあります。裏に墨書がありません。

（二十二）その他

①六二〇㎜×二〇一八㎜　②四七〇㎜×　六〇六㎜

表も裏も何も文字が見えなくなっている扁額であろうと思えるものを二面残します。長期間、拝殿外側に掲げられていたせいか、まったく判読不明です。拝殿、本殿ともに江戸時代から何度も建て替えられてきました。残っていただけでも有り難いわけですが奉納者の願いは記されず、時代が下るにつれて、扁額の板は薄くなり、用材は余り吟味されなくなりますし、墨も薄くなります。表だけの墨書が多くなり、祈願内容、奉納日や奉納者さえも書き込まれなくなります。

四　元禄十二年（一六九九）鋳造神狐像　一対

阿形像　最大幅八八㎜　前脚幅七五㎜　総高二七五㎜
吽形像　最大幅八三㎜　前脚幅七六㎜　総高二八〇㎜

向かって右側の阿形像が雄で、向かって左側の吽形像は雌に見えます。顎や足許には、毛彫りを施しています。頭の上には二筋が突起した宝珠形のものを乗せています。耳も右像は立っていますが、左像は少し伏せた感じになっていて、目つき右像の方がきつめです。左像は穏やかな表情に見える眼差しです。滑らかな表面をしていて鬆や凹みはありません。スタイル抜群のしなやかな姿です。

氏子諸氏が金銅稲荷と呼ぶ像です。像を叩いて祈願していた時期もあるそうで、コンコンとか、カンカンと聞こえたそうです。制作当初は、黄金色に輝いていたのでこう呼ぶのでしょうか。神社前の狛犬や寺院山門の仁王像と同様に一対の像で、右側が口を開けた阿形で、左側は口を閉じている吽形となっています。顔の表情からすると、やはり雄雌を表しているのでしょう。正面からは見えない尻尾の外側に「奉寄進稲荷大明神　施主土橋勘兵衛嗣貞」とあり、向かい合った状態で尻尾の後方に当たる場所には「元禄十二年乙卯歳九月九日」と線刻されています。二尾ともに同文です。全体的に、シャープな体躯をしています。仕上げに顎髭や足許部分は毛並みを線刻して表しています。現在の例大祭も九月九日ですが、全国的にもこの日を例大祭とする稲荷神社が多いようです。

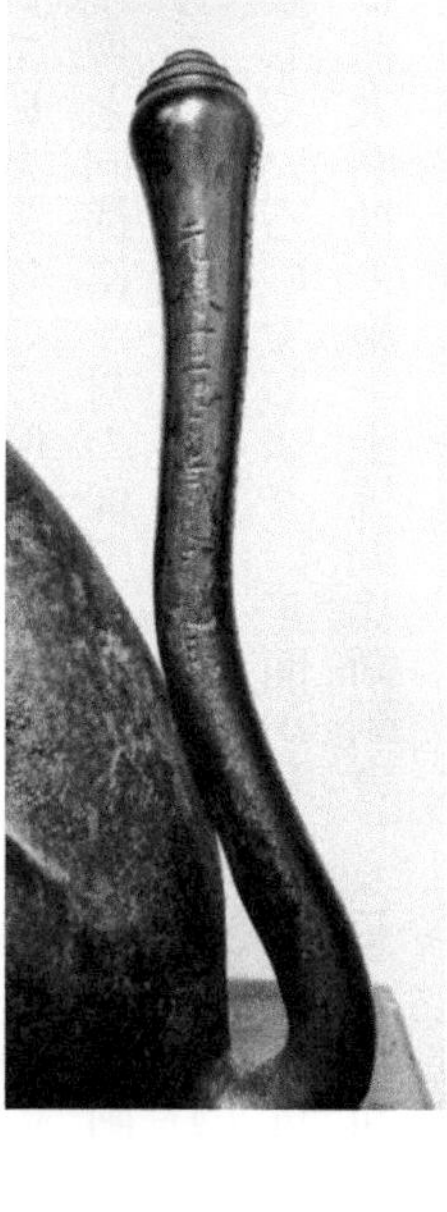

土橋家は、鈴木、小泉、藤田と並ぶ盛岡藩御抱釜師四家の一つです。拝領知行地が紫波郡土橋村であったことにちなみ、苗字としました。現在の紫波町のJR古館駅の東方、和融山蟠龍寺の北方に土橋村はありました。

茶道の家元の三千家に奉仕する千家十職の一家である茶碗を制作して納める楽家は、窯に火を入れる直前に稲荷神を綺麗に清めて、祀り直してから、作業を始めます。火を用いる職人たちは稲荷信仰を持っていましたから、御釜師も火を用いる仕事ですから、土橋嗣貞が神社側からの制作を依頼されて仕事として引き受けたというよりは、御釜師としての家職の安全、繁栄を祈って自ら丹精込めて鋳造し、奉納寄進した可能性が高いと考えます。

太田孝太郎の『岩手県鋳工年表』昭和二年（一九二七）刊に、岩手郡厨川村に稲荷神社前立銘「土橋勘兵衛嗣貞　高九寸二分　一対アリ同文」とあります。同じ土橋勘兵衛嗣貞作では元禄十五年（一七〇三）制作の長安寺鰐口があります。勘兵衛嗣貞と名乗る前が、忠左衛門次貞あるいは忠左衛門次

定であって、〔つぐさだ〕を同意人物だと仮定すれば、貞享四年（一六八七）制作の浄光寺鐘や貞享五年（一六八八）制作の善勝寺鐘は彼の作である可能性が高くなります。貞享五年（一六八八）は九月三十日に元禄元年に改元しますから、元禄十二年（一六九九）までは、年代的にそれほど離れていないことになります。堤島神社鰐口は同じ元禄十二年（一六九九）制作で次貞と線刻されています。嗣貞の文字は画数が多く、次貞あるいは次定は比較的画数が少なく刻み易いために、この文字を彫った可能性があります。

（株）岩鋳に勤務する南部鉄器の伝統工芸士「三代清茂」を継いだ八重樫亮氏と御釜屋南部藩御用釜師小泉仁左衛門家の御子孫の小泉岳広氏にこの神狐像を見てもらいました。唐金（からかね）製ですね。一般的には青銅製と言います。銅や錫を主体にして鉛や鉄やニッケルが極少量混じっている原料で鋳造しているだろうとのこと。蠟型を作って足脚や尻を上にした逆様の状態で鋳込んでいて、尾も胴体と一鋳で、まだ熱い間に尻尾の角度をつけた可能性が高く、技術的にも、大変優れているとのとのこと。胴体と尻尾のバランスが見事で、技術の高さを証明する造形美が見て取れ、全身のフォルムも美しく素晴らしい。

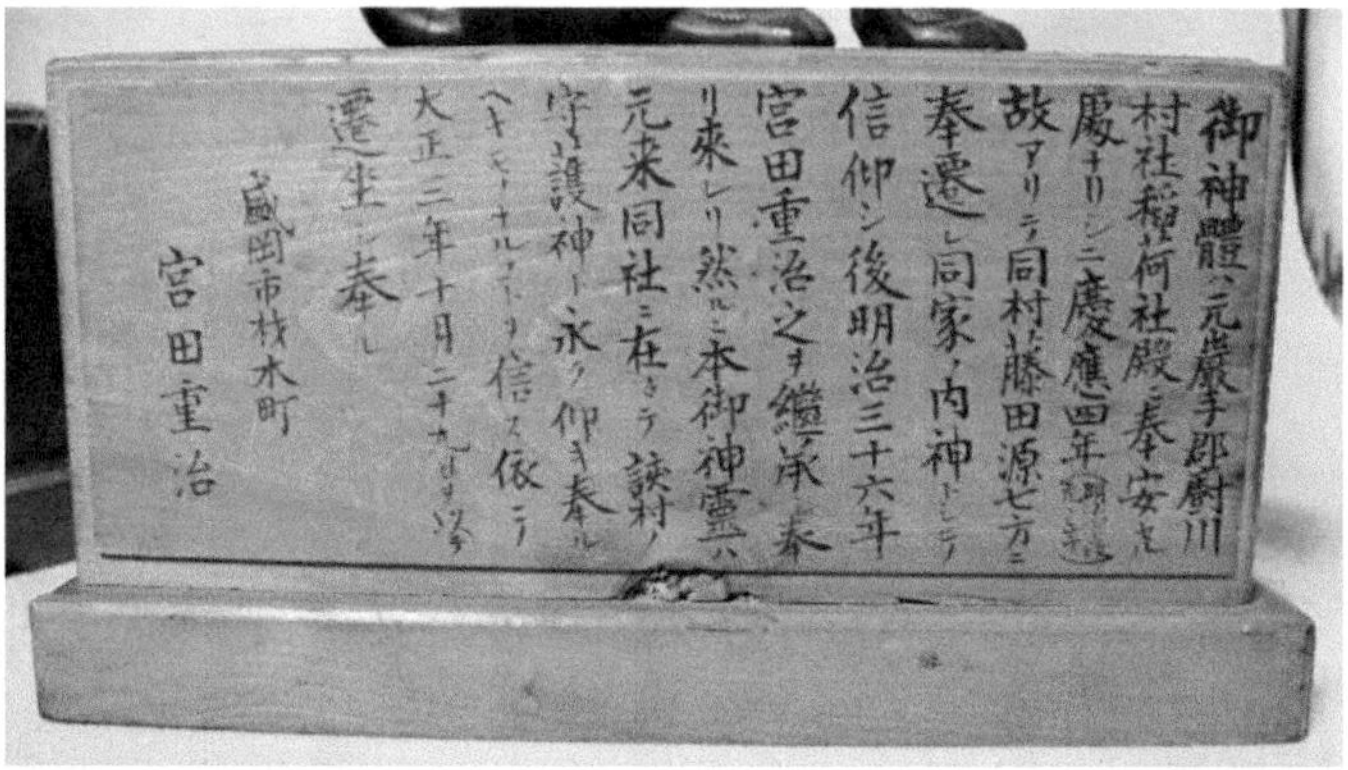

より本物の狐に近づけようとする思いを感じる。鍍金の形跡はなく、金銅稲荷という名称は完成当初は、新品の五円硬貨のような輝きで、そこから名付けられた可能性が高い。同じ物を現在作れと言われても、今の技術を駆使しても、かなり難しいほどの優品だということでした。緑青を防ぐために制作後まもなくか、または少し後で黒漆を塗布された時期があるかも知れない。顔立ち、体躯全体の姿に一切無理がなく見事で、気泡の抜けた跡の鬆が見当たらないし、欠や凹もほとんどなく、素晴らしい出来栄えで、顔が特にいい。愛らしい。亜鉛分が三十%から四十五%ほど占めているかな。黄銅と言いますとのこと。制作当初に近い時期に漆より、御歯黒（銅着色素）を少しずつ塗布している可能性もあるかも知れない。塗布していれば経年後となる。亜鉛を多くすると緑青の出が抑えられたなど様々なことをご教示いただきました。

台座は柾目の材に左右とも同文が墨書されています。御神体ハ元岩手郡厨川村社稲荷社殿ニ奉安セル處ナリシニ 慶應四年、（明治ト改元ノ年）故アリテ同村藤田源七方ニ奉遷シ同家ノ内神トシテ信仰シ後、明治三十六年宮田重治之ヲ継承シ奉リ来レリ然ルニ本御神霊ハ元来同社ニ在シテ詼村ノ守護神ト永ク仰キ奉ルヘキモノナルコトヲ信ス依テ大正三年（一九一四）十月二十九日ヲ以テ遷

坐シ奉ル　盛岡市材木町　宮田重治とあります。伝承では、この神狐像は二度ほど盗難に会い、一度目は前川善兵衛が買い戻して奉納し、二度目がこの台座にあるように、明治元年から藤田源七方にあって、内神（屋敷神）として信仰していたものを明治三十六年になってから宮田重治の手に移り、本来安置されていた神社に大正三年に返却したとあります。このときに神狐像の台座を新調し、経過を記したのでしょう。前川善兵衛が何代目の誰なのかは伝わりません。藤田源七方に遷座したのは、戊辰戦争最終段階での秋田藩の軍勢が雫石街道から盛岡城下に進軍して来る際の乱暴狼藉などを恐れてのことだったと思います。宮田重治は材木町で呉服や醸造で財をなした実業家で、山口剛介に舗訓を書かせ、おそらく山口剛介揮毫の扁額を寄進奉納した人物でしょう。神狐像を返納して、一層、厨川稲荷神社を信仰したのでしょう。霊験あらたかだったために家業に専念し、商売繁盛を祈願していたことになります。

5　木造白狐像

吽形像　最大幅一六〇㎜　総高五八〇㎜
阿形像　最大幅一五〇㎜　総高五八〇㎜
吽形像台座　奥行二九〇㎜　幅四八〇㎜　高さ二六〇㎜
阿形像台座　奥行二九〇㎜　幅四八〇㎜　高さ二六〇㎜

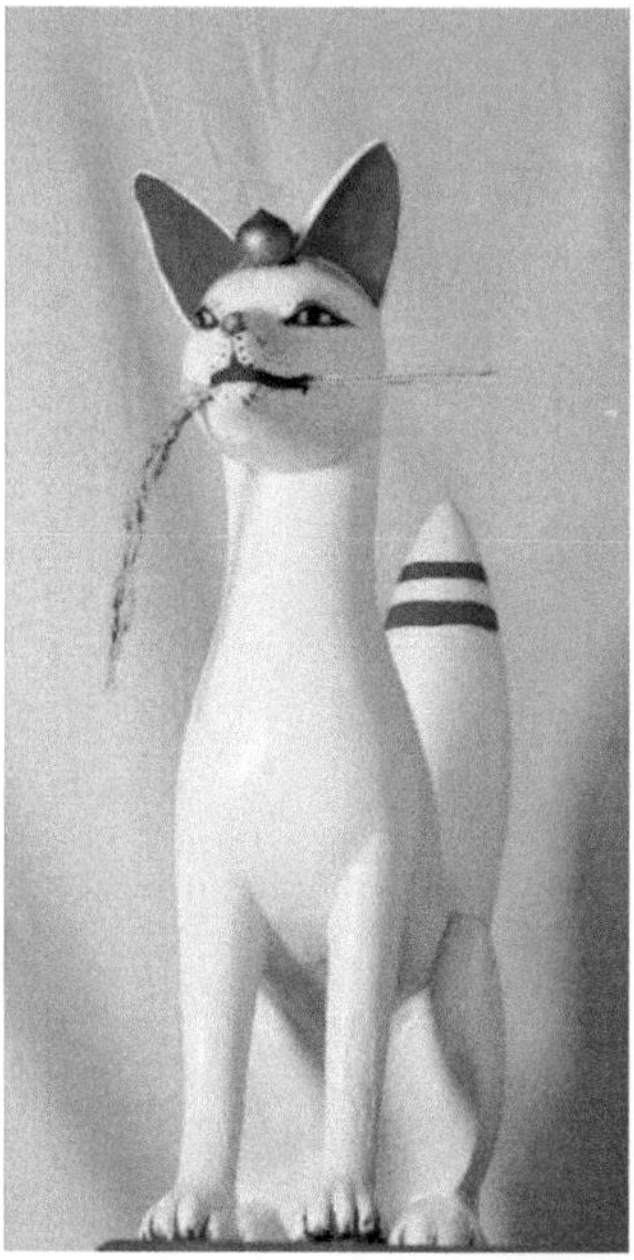

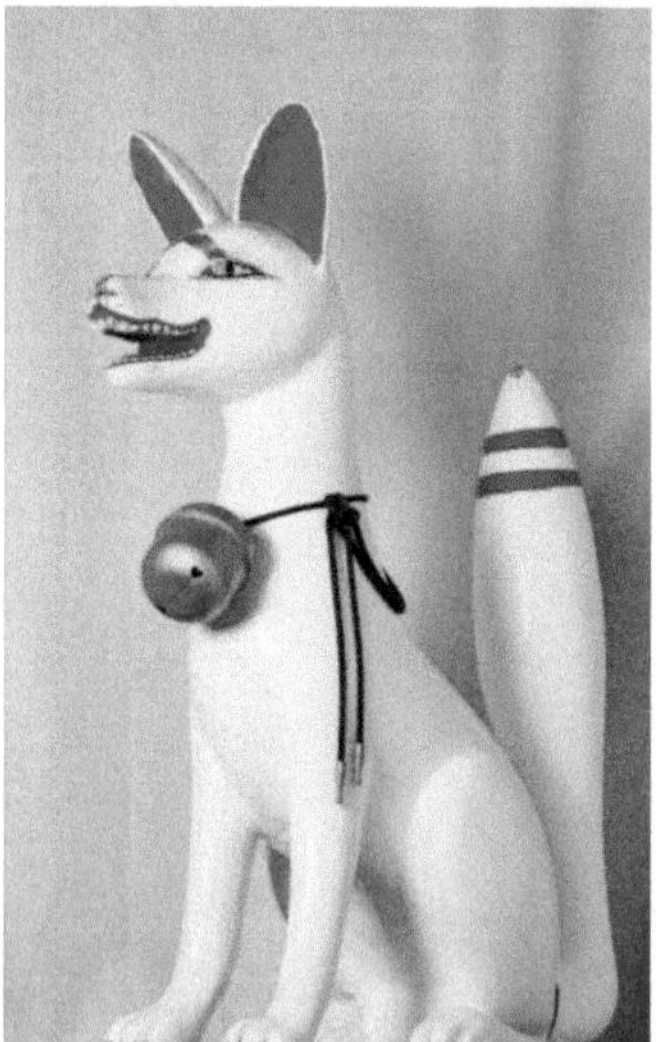

体躯全体は白色ですが、耳の内側と口内と尻尾の先端近くに二本の太めの線が朱色です。現状では右の阿形像は緑色の紐で大鈴を胸に飾っています。目と目の間を金色で結ばれています。左の吽形像の目は睫毛を金色に描いています。

さらに頭上に金色の宝珠を乗せています。阿形像に宝珠が乗っていた形跡はありません。鼻先は金色に塗られています。何度も塗り重ねた形跡があり、ひび割れも尻尾の接合部分などにあります。制作年代は台座の裏に、文化十五歳（一八一八）二月吉日　赤沢清助高秘（桃カ）（花押）と墨書があり、像と台座が同年と考えられます。置き場所を間違わない工夫でしょう。左右の明記が台座裏に赤マジックで「R」と黒マジックで「L」と書き込まれています。「R」とある右側は二月と赤沢清助ですが、「L」とある左側には「文化十五歳弐月吉日　**大工**　赤**澤清**助高秘（花押）」と三文字が旧字体で大工とも入ります。本人が書き分けるとは考えにくいのですが。白狐像と台座はともに赤澤清助が制作奉納したものと考えてようでしょう。

赤澤の墨書とは別筆で、薄い墨で、「龜屋勘□　あける（あげる）」という二行があります。龜屋勘助あるいは勘兵衛が寄進したとも考えられます。

長町の小畑春治が昭和四年（一九二九）八月吉日に塗り替えたと墨書があり、続いて平成九年（一九九七）十二月吉日に小林正次郎が修理したと赤マジックで記入しています。「L」には墨書を塗り潰した箇所もあります。

耳や尻尾の付け根などには塗りの浮きや修理痕もあるものの、本体は安定していて、内刳がなく大変重い像です。吽形像の閉じた口には小穴が開き、今は八朔に稲穂を咥えさせています。氏子に水田耕作する農家が少なく、注連縄も今は購入しています。

憶測の域を出ませんが、前川善兵衛家の六代富長は盛岡藩士赤澤家の出身です。八戸の櫛引八幡宮の宮司家の普門院から分かれて、盛岡藩士になった家柄です。文化二年（一八〇五）に富長の叔父の大川守之進が絵馬を描き奉納にかかわり、富長自身は松下烏石揮毫の扁額を文化三年（一八〇六）に奉納しています。この白狐と台座が文化十三年に大工の赤澤清助が制作したとすれば、富長こと赤澤半平と、赤澤清助が全く関係なく、偶然に二人とも赤澤氏だとは思えなくなります。

旧字体は使われない　龜屋勘兵衛あげるカ

大工とある　弐と澤と清が旧字体を用いている

六　おわりに

盛岡市の西郊に位置する厨川稲荷神社は、盛岡藩家老席日記『雑書』に散見します。『御領分社堂』とあわせると南部家二十九代当主重信、三十代行信、三十一代信恩、三十二代利幹、三十三代利視の治世に藩主家の庇護を受けていた藩主家ゆかりの神社であることが確認出来ました。正一位の神位を授与されたことや、社殿などの修復費用を領内に勧化と呼ばれる布教活動をして集めていたことや、鼈（富突）の興業を行って、その収入を充てていたこともわかりました。

絵馬や扁額の奉納から盛岡藩士や材木町などの商人たちが篤く信仰していたことと、藩士は江戸詰の際に江戸でも有名な文化人と交流を深め、指導を受けていました。江戸で一世を風靡した有名な書家の三井親和や松下烏石が筆を執った扁額があり、江戸で書を学び、藩内随一の能書家猿橋義連が揮毫した扁額と、見事な鋳金の神狐像も残されているなど貴重な文化財の宝庫であることがわかりました。

絵馬四面のうち二面は番頭櫻庭家の奉納であり、絵師が判明する三名のうち森嵩斎と石川主春こと二代狩野林泉の二名は藩お抱え絵師であり、大川守之進は本堂家出身で、姉が赤澤家に嫁いで生んだ次男が六代前善兵衛富長で甥であることにも気づけました。四代前川善兵衛富昌が厨川稲荷を大槌の吉里吉里に勧請したことも確認出来、明治以降は村社として地域住民の尊崇を得て、現在の自治会組織が神社の運営を支援する体制が出来上がる基礎になっていることもわかりました。幸いなことに、絵馬と数枚の扁額は、氏子総代会の決議を経て、京都科学によるクリーニングと絵具の剥落止めの処置がなされ、後世に伝える基盤が整えられました。

今後は、地域住民や氏子はもちろんのこと、これら文化財の意義と価値の認識を深め、氏子総代の孫世代に伝え、せっかく伝世した文化財に対して今まで以上に大切に保存、メンテナンスを継続していくことを望みます。

参考文献（年代順）

弄翰子編『平安人物志』平安書林　一七五六
松平定信編『集古十種』十八（扁額）一八〇〇
太田孝太郎編『岩手県鋳工年表』一九二七
太田孝太郎編『盛岡市史』別篇　正編　盛岡市　トリョー・コム　一九五四
太田孝太郎編『盛岡市史』別篇　続編　盛岡市　トリョー・コム　一九六一
太田孝太郎編『盛岡市史』別篇　再続編　盛岡市　トリョー・コム　一九六四
大槌町史編纂委員会『大槌町史　上巻』大槌町役場　一九六六
中田勇次郎編　中井敬所「日本印人伝」『日本の篆刻』二玄社　一九六六
森銑三『森銑三著作集　第四巻　人物篇』「三井親和」　中央公論社　一九七三
大槌町漁業史編纂委員会『大槌漁業史年表』　大槌町漁業協同組合　一九八〇
大槌町漁業史編纂委員会『大槌漁業史』　大槌町漁業協同組合　一九八三
大槌町史編纂委員会『大槌町史　下巻』　大槌町役場　一九八四
前川隆重外編『南部藩参考諸家系図』　国書刊行　一九八五

編纂委員会編『岩手県姓氏歴史人物大辞典』 角川書店 一九九八
岸昌一編『御領分社堂』岩田書院 二〇〇一 南部家宗教関係資料1
岸昌一編『寺社記録』岩田書院 二〇〇一 南部家宗教関係資料2
工藤栄市『厨川稲荷神社―杉のメッセージ―』ツーワンライフ 二〇〇一
小松雅雄『江戸に旋風 三井親和の書』信濃毎日新聞社 二〇〇四
花巻市博物館の第4回企画展図録『盛岡藩の絵師たち〜その流れと広がり〜』 二〇〇五
高橋昌彦「南部盛岡藩文芸人名録」『福岡大学研究論文集』二〇一三
佐々木勝宏『厨川稲荷神社の信仰と歴史』ツーワンライフ 二〇一八

前川善兵衛ゆかりの三神社

〔2〕前川稲荷大明神　　大槌町吉里吉里

一　はじめに

岩手県盛岡市にある厨川稲荷神社の文化財調査中に戦後すぐに社地払い下げを神社庁に申請するため作成した神社の由来記に、前川善兵衛が大槌町にこの稲荷社を勧請したと記されていました。

また金銅稲荷と呼ばれる鋳金の神狐像は二度の盗難にあいながらも前川善兵衛によって買い戻されて神社に返納されたと伝えられています。神社には前川善兵衛が奉納した扁額があることから、上閉伊郡大槌町吉里吉里を本拠地とする海産物の生産加工や海運業で財を成した豪商前川善兵衛との関係を強調する文となっていました。ところが残念なことに実際にその関係を証明するものは扁額一面だけでした。

東日本大震災時に被災した大槌町前川家の文書の救出し、安定化処理後の整理を担当なさっていた東海大学准教授の兼平賢治氏から、文書のなかに厨川稲荷神社から勧請したと記された桐箱に入った文書があると写真で紹介いただきました。公開に向けて整理が続いているため、直接の確認にはいたっていません。そこで他に勧請の証拠となるものがないかと、厨川稲荷神社の氏子総代役員二名と御子孫の承諾を得て、菩提寺吉祥寺と前川家歴代墓地と前川大明神と大槌稲荷神社（二渡神社）を訪れ、調査を開始しました。

現在の前川稲荷大明神

南部利視（壺雲斎）の句

三代助友、四代富昌、五代富
能と急接近した南部利視像
もりおか歴史文化館蔵

二　『厨川稲荷神社の信仰と歴史』のご縁

平成三十年（二〇一八）九月に刊行した拙著『厨川稲荷神社の信仰と歴史』を読まれた大槌町在住の郷土史家の徳田健治氏から感想と前川稲荷大明神の外観と、宝暦と明和の棟札の表裏の四葉の写真を送っていただいた。宝暦の棟札の裏面に次のようにありました。

「抑當社稲荷大明神於奉勧請由緒波
森岡岩手郡厨谷川正一位稲荷大明神
新依而御神勅乃由緒仁宮殿於奉造立處也」

稲荷社殿

早速、故大矢邦宣先生の御縁で元大槌町教育委員会生涯学習課長の佐々木健氏が前川氏の御子孫と連絡調整くださり、扁額などの調査をしました。津波が破壊した横板は修理され、幸いなことに稲荷と辨天の二社殿（宮殿）や棟札などは流出を免れて伝存します。

三　棟札

（一）宝暦九年棟札（一七五九）

右斜辺一三五㎜　右辺六八〇㎜　底辺二〇五㎜

左辺六八〇㎜　左斜辺一〇〇㎜　厚二五㎜

棟札は常軌どおりの五角形で、右斜辺は手前に、左斜辺は後に削る作りでした。表面の山形の中央に円内に神四方は封の文字があります。上段左右には「天下泰平　国家安全」。中央は「奉造立稲荷大明神宮二尺五寸四面一宇」。中段左右に「太守公御武運長久　宝暦九己卯年　十二月吉日」。下段に「前川善兵衛富昌　子孫長久處」とあります。裏面は、

抑當社稲荷大明神於奉勧請由緒波森岡岩手郡厨谷川　正一位稲荷大明神新依而御神勅乃由緒仁宮殿於奉造立處也　誠神者無窮而長世也常磐堅磐仁皇神乃平ラケ久安ラケ久鎮座　御座而氏子於令守保給江辞別仁曰久一座乃祓波百日乃難於除幾百日乃　祭仁波千日乃（咎）於解給哉誠仁本迹乃御誓願不空而願主前川氏富昌武運長久子孫繁栄令成給再拝再拝欽言　幸白

宝暦九己卯十二月吉祥日

上記六行の下段に願主　前川善右兵衛　富昌（花押）

妙蓮院　峰延　※（咎）は仮に入れた　一文字が不明

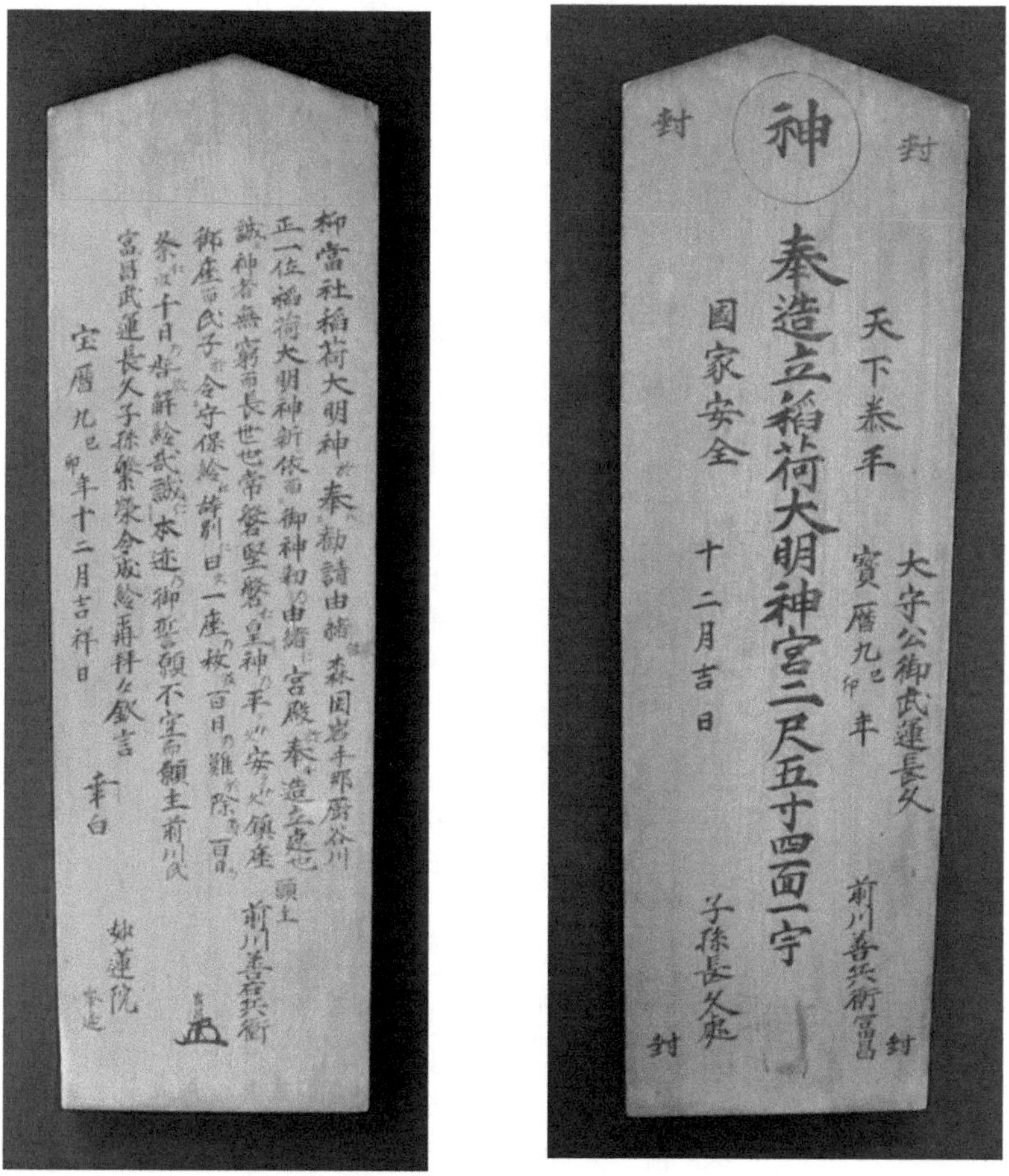

宝暦九年棟札　右表　左裏

厨川稲荷神社を勧請し、天下泰平、国家安全、太守公（南部家三十四代当主で藩主の南部利雄・としかつ）の武運長久を祈願し、併せて願主前川四代富昌の武運長久と子孫繁栄を祈願しています。この宝暦九年（一七五九）は富昌が大槌村、小鎚村、吉里吉里村で二百五十石の御免地証文を得た年にあたります。宝暦六年（一七五六）からは大槌御給人ではなく盛岡支配の御給人扱いとなりました。彼は野田通野田村の御給人中野氏から前川家三代助友の娘婿として養子に入った人物です。助友がどのように富昌を見そめたのか、残念ながらわかりません。彼は故郷の野田の海蔵院に薬師如来と不動明王の石仏を寄進しています。これらは野田村有形文化財に指定されています。野田の親戚筋に息子富能を派遣して金品を配って援助しています。

実は、『大槌町史』、『大槌漁業史』掲載の前川善兵衛家文書によると、藩から許可を得て、現在の釜石市、大槌町、山田町からなる行政区分の大槌通に野田から来る潜（もぐり）漁によって鮑を採る漁師を迎え入れ、世話をしています。干鮑を製造して俵物として長崎に送る一連の仕事で、生まれ故郷とつながっていたわけです。この潜漁が関係のきっかけかも知れません。さらには、宮古市津軽石の瑞雲寺六世本室寿宗師が富昌の故郷野田の海蔵院の開山で、七世一機文朔師が善兵衛菩提寺、大槌町吉里吉里の吉祥寺の開山です。ともに瑞雲寺が本寺ですので、こちらのネットワークも利用した可能性があります。

南部家三十三代当主で、藩主となった南部利視（としみ）の治世に善兵衛家と藩主家は急接近します。父助友（隠居後の号怡顔：笑顔の意味）、当主富昌、嫡子富能ともに厚遇を受けます。家業も拡大し、藩主家の財政の一翼を担うようになった時期にあたります。

海産物などの拾分一役という税の徴収、江戸の盛岡藩各藩邸で消費する味噌の製造と運搬、藩主家の求めに応じて、鮮魚や蒲鉾などを盛岡城下まで一泊二日で運び届けています。

米や大豆、〆粕、魚油、布海苔、赤魚、鰑、木材に俵物になる干鮑、干海鼠、鱶鰭などを江戸へ運び、品物によっては、大坂や長崎へ舟運されるものもありました。

帰りの船では盛岡領では入手しにくい品々を乗せてきました。上質の紙や墨、筆などや、江戸で流行したものも、大槌まで購入して持ち込んでいます。この棟札により、富昌が、盛岡の厨川稲荷神社から勧請して、自邸内の屋敷神として前川稲荷大明神を祀ったことが証明されました。歴代当主など先祖の墓地は邸西側の丘にあります。麓はすべて善兵衛家だったそうですから壮大な家屋敷地だったことがわかります。

歴代墓地からは、家業を支えた吉里吉里の砂浜とその奥に船越湾が眺望出来ます。

（二）安永六年棟札（一七七七）

右斜辺　九五㎜　右辺五三〇㎜　底辺一六五㎜
左辺　五三〇㎜　左斜辺九八㎜　厚　二〇㎜

形状などは宝暦の棟札を踏襲しています。右斜辺は前に削り、左斜面は後に削っていますから常軌どおりです。表面の山形下に丸に神の文字。四方は封の文字で結界を示しています。上段は、左右に天下泰平　国家安全、中段には安永六丁酉年と九月廿九日、中央の一行は、奉建立稲荷大明神宮鞘堂想形一宇謹白と記しています。中段から下段にかけて、左には、南部大膳大夫信雄公御武運長久　願主　前川善右衛門富能。右には、時御代官、下に割書きして、堀江勇右衛門道奉と野邊友右衛門安逸。その下に時御下役、また割書きで、小川宗右衛門教包と岩間源蔵光従とあります。

盛岡藩の地方支配を担う三十三通の各通代官は、盛岡から任命されて赴任しますが、代官下役は地元の御給人のなかから適任者を選任していました。八戸藩は代官下代という呼び方でした。

大槌通代官の堀江と野邊、代官下役の小川と岩間の諱が、神事のおかげで伝わります。大変貴重なことです。

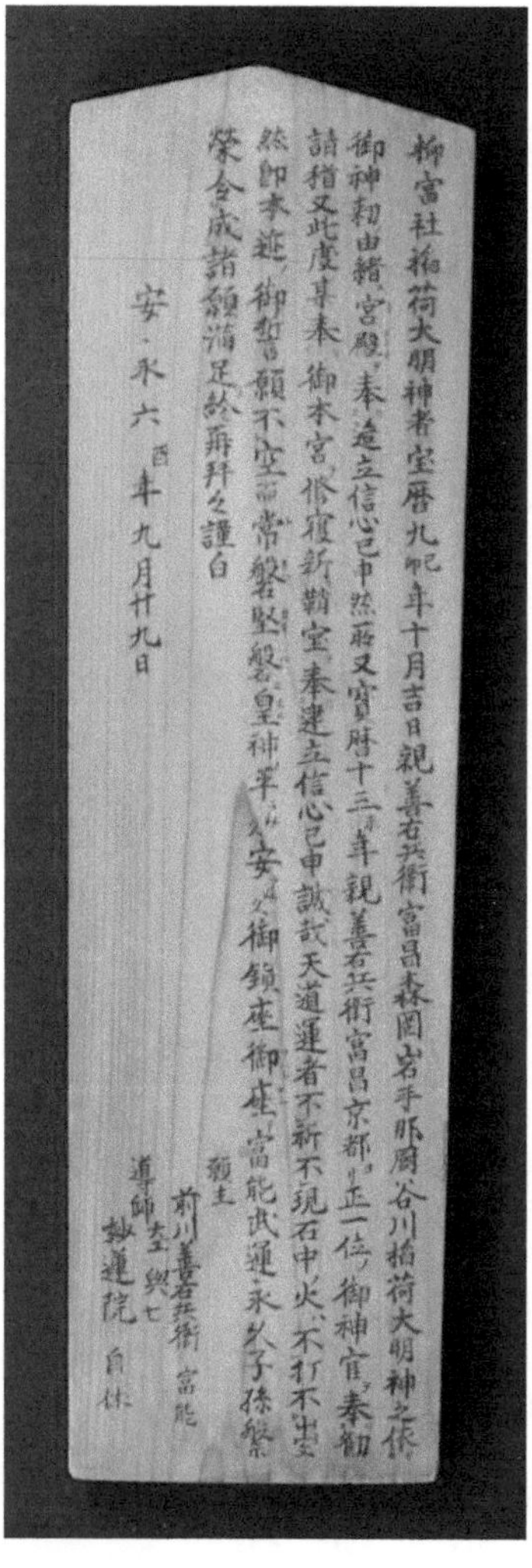

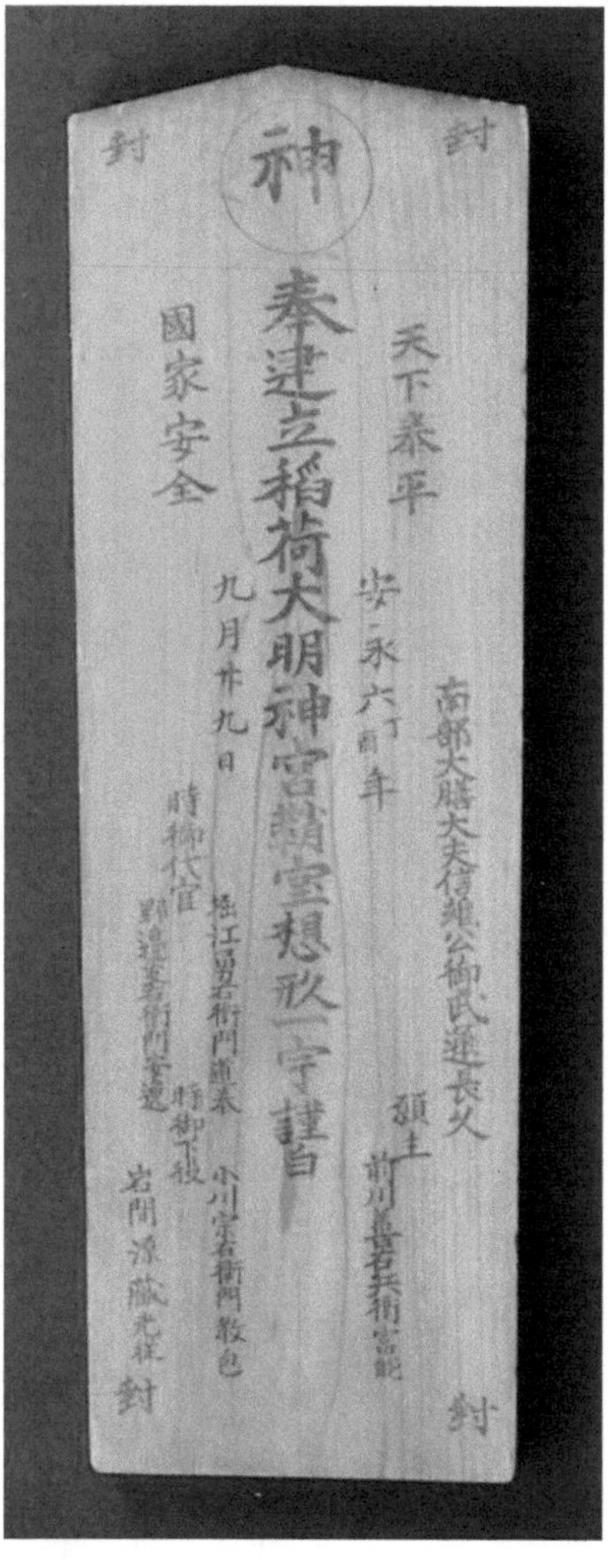

安永六年棟札　右表　左裏

父富昌が勧請してから十八年目にあたります。当時の藩主は三十四代当主南部利雄にあたります。南部家では、信敬が利敬に改名したように片諱を「信」から「利」に改めるのは吉例になっていました。裏面には次のように記されていました。

抑當社稲荷大明神者宝暦九年己卯年十月吉日親善右衛門富昌
森岡岩手郡厨谷川稲荷大明神之依　御神勅ノ由来ニ宮殿ヲ奉造立
信心已申然所又宝暦十三年未年親善右衛門富昌京都ヨリ正一位ノ
御神官ヲ　奉勧請猶又此度某御本宮ヲ修復新ニ鞘堂ヲ奉建立信心
已申誠哉天道不祈不現石中ノ火ハ不打不出立　然即本迹ノ御誓願
不空而常磐堅磐皇神平ラケ久安ラケ久御鎮座御座テ富能武運長久
子孫繁栄合成諸願満足給再拝再拝謹白　　願主
前川善右衛門　富能
大工　與七
安永六酉年九月廿九日　導師
妙蓮院　自休

すでに述べてきたように父富昌が宝暦九年に盛岡の厨川稲荷を勧請したこと。宝暦十三年にやはり富昌が京都から正一位の神位を授かってきたこと。宮殿を修理するにあたって鞘堂も一緒に建立したことの三点をあげ、絶えず継続して信心して参りましたので、この度、新しく神坐を整えましたので平安に御鎮座願いますと結んでいます。

富能の武運長久と子孫繁栄と諸々の祈願が成就して満足が得られますようにと併せて願っています。大工が與七で、導師が妙蓮院自体とあります。富昌の時の妙蓮院峰延の後継者だと推察できます。

現存の宮殿は屋根の板材こそめくれているところもありますが、建物自体はしっかりしていますので、当初から覆屋はあったと考えられます。世襲名の善兵衛となる前は、富昌と富能は善右衛門を名乗っていたことがわかります。

上　鳥居の稲荷大明神
下　正面から　合祀の水天宮の標柱

（三）天保三年棟札（一八三二）

上辺一八四㎜　右辺四六〇㎜　底辺一六八㎜　左辺四六二㎜　厚九㎜

宝暦と安永の棟札は常軌にそって五角形で、右斜辺が前に削られ、左斜辺が後ろに削られていましたが、この棟札は逆台形となります。表面の上部には左右に、天神と地祇と書かれ、中央円内に神と記され、天神の下には、天下泰平　国家安穏、地祇の下には、海上安全　大漁満足とあり、その内側には右に天保三壬辰年、左に八月五日とあります。円内の神の下、中央には、奉勧請正一位稲荷大明神とあり、割書きで、屋根替遷宮祈祷　武運長久諸願成就とあり、中央に攸（ところ）としめています。安穏の下に、願主　前川種之介　富壽、満足下方に禰宜　臼澤肥前とあります。

裏面は中央中段から、祓 賜 清 賜。はらえたまえ、きよえたまえと読むのでしょう。左下に、大工　金蔵とあります。

前回の修理が安永六年（一七七七）からなかったとすれば、天保三年（一八三二）まで、五十五年が経過しています。

導師が妙蓮院ではなく臼澤肥前になっています。妙蓮院ではなくなっています。小鎚神社の宮司家は臼澤姓ですのでそちらに祭祀の禰宜が移ったのかも知れません。

被賜清賜
大工 金蔵

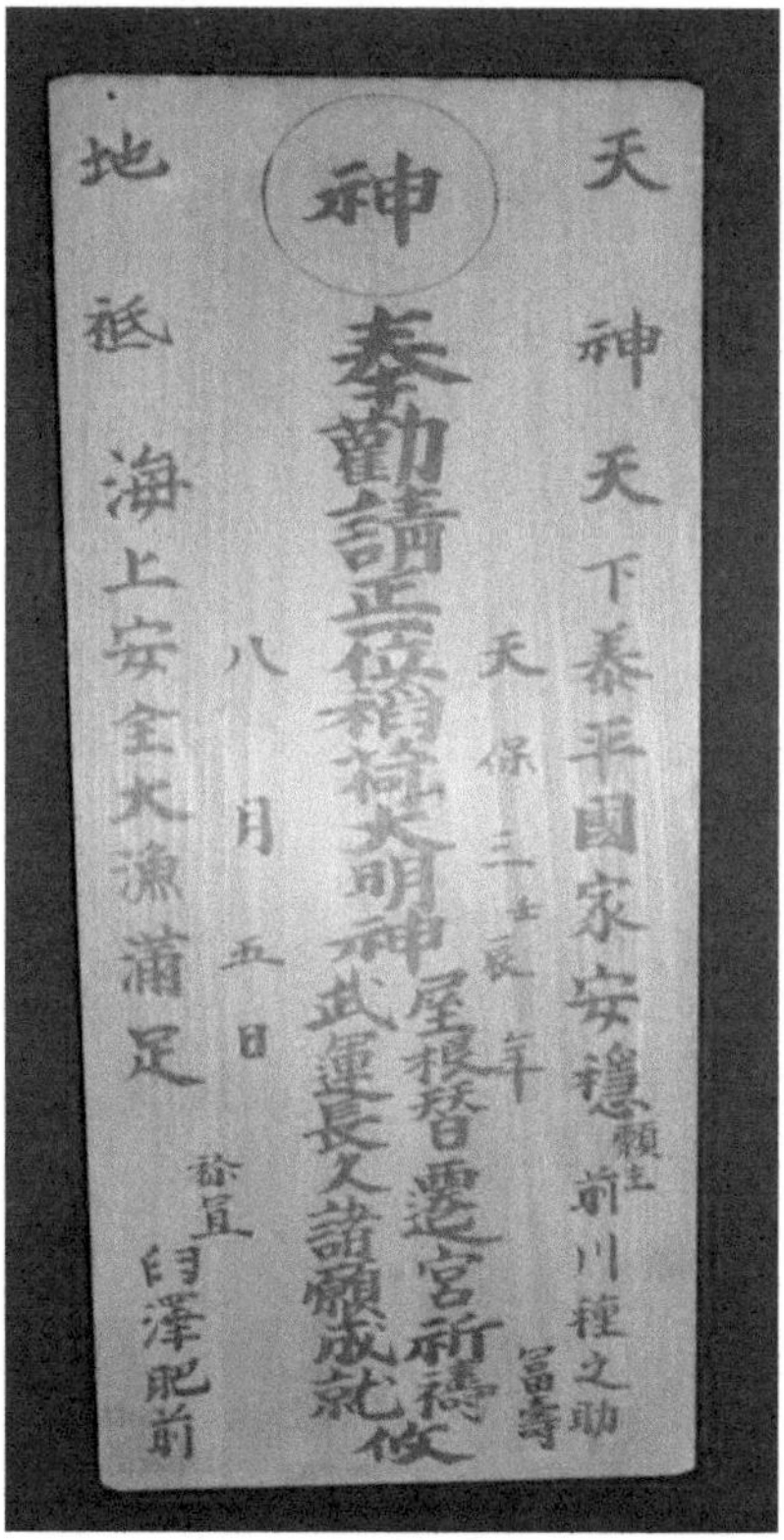
天神天下泰平國家安穏 願主 前川種之助
神
奉勧請正一位稲荷大明神屋根替遷宮祈祷攸
武運長久諸願成就
天保三壬辰年 冨壽
八月五日
祢宜 白澤肥前
地祇 海上安全大漁満足

天保三年棟札　右表　左裏

藩主家の武運長久などは祈願されず、前川種之介富壽の武運長久と諸願成就を家業に直結する海上安全と大漁満足を祈願しています。富壽は前川家八代当主です。種之助という通名（とおりな・通称名）がわかります。宝暦の四代富昌、明和の五代富能、その後、盛岡藩士の赤澤家から婿養子に入った半平は、六代富長。その子が七富命、孫がここに出てくる種之介が八代富壽と続きます。

屋根吹替遷宮にかかわる費用は、すべて前川家の負担となり、藩主家の庇護が全くなくなりなり、家業を支える持ち船を手放さなければならないほど藩主家からの献金要請や、漁獲量の減少や、まったくの不漁にかかわらず、拾分一税は藩に納入しなければならないなど理不尽な理由ばかりで、前川善兵衛家の経営は悪化の一途をたどり、藩の度重なる虫の良すぎる要求に対応できなくなってきました。藩主家との関係が稀薄になり、藩主家のことは一切記されなくなりました。

　裏には、祓賜清賜　大工金蔵と八字のみの墨書しかありません。

稲荷社の板葺き屋根の劣化が見えます

（四）昭和五十三年棟札（一九七八）

右斜辺九〇㎜　右辺六七〇㎜　底辺一三〇㎜

左辺六七二㎜　左斜辺七三㎜　厚二二㎜

表面の山形下は奉納と左から右に書いています。上段左は、天下泰平、右は国家安全と書き、中央には、正一位前川稲荷大明神宮社殿と記しています。天下泰平の下に割書きして、大漁　五穀豊作　海上安全　家内安全　商売繁盛　子孫長久とともに、吉里吉里部落（地区のことを指す。当地方には同和問題意識一切なく、部落と用いることとままがある。）繁栄とあります。国家安全の下に、昭和五十三年十月二十九日　前川友良　奉賛会一同とあります。もうすでに伝統的な棟札の形式が形骸化しています。おそらく現在の社殿となっている赤く塗られた覆屋（鞘堂）を建立したことを指すのでしょう。宮社殿とは稲荷や辨天の社殿を指すのでしょう。天保三年（一八三二）からは百四十六年が経過しています。いつから稲荷社のとなりに弁天社を祀っているのか、松下烏石に両社殿と扁額を揮毫してもらったのが、明和六年（一七六九）ですから、その直前に二社が並び、両社殿に覆屋がかかる状態になったのでしょうか。両社殿にひどい劣化は見られませんので、二つ並ぶまえから別々でも、創建当初から覆屋はあったとは想像出来ます。

裏面は正一位前川稲荷大明神の神勅によって宝暦九年十二月に南部藩主によって、盛岡厨谷川（前川稲荷大明神ではこの表記）より当地に勧請鎮座した由緒ある大明神と一行目にあります。実は文化十四年（一八一七）以降なので正式には盛岡藩と呼ぶようになっています。

厨川あるいは栗谷川の表記ではなく、宝暦と安永の棟札を踏襲して厨谷川を用いていますが、残念ながら勧請者は南部藩主ではなく、四代前川富昌であったことを忘れてしまっています。確かに巡見などで藩主の前川家への逗留などは数度あり、四十代当主で藩主の南部利剛（号は節斎）が揮毫した「稲荷社」の扁額は現存しますので、藩主家との深い縁を強調したかったのか、単なる思い込みによる誤伝が発生したのでしょう。殿様が移したと言った方が格を上げると考えたのかも知れません。

二行目には前川家代々と共に、氏子一同の大漁、五穀豊年、商売繁盛、海上安全、家内安全を祈り、併せて稲荷神のご加護による平安と繁栄を願っています。三行目は当時の吉里吉里集落には七七三世帯、三一九四人が居住していて、幾久しく益々発展することを祈願しています。四行目は　前川家並びに奉賛会員、有志二千人の協力により社殿が新築され完成したので謹みて奉納するとあります。選書は前川清一で、改行して昭和五十三年十月二十九日、当家十八代前川友良、棟梁は中村久雄、会計田中長福、奉賛会長が田中喜衛門、神官は藤本留五郎とあり、最後に町長の後藤力と記されています。十八代友良は実は十代の誤りです。

本来は前川家の氏神として屋敷神的存在であったこの神社を、吉里吉里地区の住民を氏子に見立てて地域住民の総力を結集して、社殿（覆屋・鞘堂）を新築しています。本宅を吉里吉里に置いた前川善兵衛家と吉里吉里地区は切っても切り離せない関係です。歴代当主が行ってきた、海産物の漁獲と加工と集荷、造船や舟運など、どの事業において地元住民とは深い関係にあり、善兵衛家に対して畏敬の念を抱いていたからかもこそ、出来たことですし、恩恵も受けてきたわけです。

地元の虎龍山吉祥寺も同地区古寺から三代助友が現在地に移し、数代にわたって伽藍の整備に尽力したからこそ、地域住民の菩提寺が存在するわけですから知らないふりは出来ないわけです。新築にあたって、奉賛会を組織していますし、政教分離など気にかける様子もなく町長の名も記されています。当時の地域の世帯数と人口がわかり、住民の六割強が喜捨したことがわかる貴重な資料です。この昭和新築の社殿（覆屋）が現在のもので、

弁財天社の屋根の傷みは稲荷社より激しい。社殿床が津波で歪みが出て厨子入弁財天像は調査できなかった。三代助友と梅屋善右衛門光栄が奉納したことが厨子銘からわかる。光栄の娘が秀井慈泉の妻である。光栄は旧川井村小国の出身で家業繁栄の一翼を担った。

平成二十三年（二〇一一）三月十一日の東日本大震災で津波が下板壁は破壊されたものの、文化財の流出は免れ、修理されましたが海水に浸かった弁天社安置の厨子入弁財天坐像は社殿の床材の歪みで取り出せず、未調査のままです。両社殿の屋根や床は緊急の調査と修復が必要です。せっかく大震災を乗り越えたのに、貴重な文化財が朽ち果ててしまいます。早急な対策が望まれます。前川善兵衛家の正確な顕彰を作業が重要だと感じます。

四　扁額

（一）明神丸　赤井明啓揮毫

外辺　縦六六〇㎜　横一一三〇㎜
内辺　縦四六〇㎜　横　九二〇㎜
飾幅　　二一〇㎜　飾厚一四〇㎜

表面に引首印は小判形に随意處適、落款は、禹得水書の下に丸印で明啓、続いて角印の得水とあります。扁額からはじけ出るかのような勢いのある文字です。明神丸と大書され、蒲鉾型に彫り出され、見事な金泥仕上げです。赤井明啓は、江戸中期の書家で加賀の生まれで、通称文次郎、名は明啓、号が得水です。元禄三年（一六九〇）の生誕。延享三年（一七四六）に五十七歳で死去しています。佐々木志津磨の門人清水消水に志津磨流を学び、真字千字文や草字千字文を残し、『筆法蒙引』や『俳諧閨梅』を著した著名な書家です。

裏面には、享保十二年（一七二七）七月吉祥日とあります。明啓が三十七歳の時の揮毫だとわかります。

江戸（東都）で、前川善兵衛が赤井明啓に依頼したのでしょうか。

今のところ確実な接点が確認出来ないままです。

赤井明啓の三印とも見事に彫り込まれています。思いのまま適切な所を得るという意味でしょうか。

明啓

得水

随意處適

もう一つの「明神丸」の船名扁額は、どのような周り飾りであったのか、欠損により、枠飾りはあったようですが、外枠はわかりません。銅製の船名の「明神丸」を鋲止めしています。落款や裏面の墨書はありません。

前川善兵衛家は開基した菩提寺の虎龍山吉祥寺にちなみ「吉祥丸」と屋敷神の前川稲荷大明神にちなむ「明神丸」と船名を大切にしています。銚子の利根川河口などで座礁、難破して船が使用できなく破船になっても、新造船が出来上がると必ず、「吉祥丸」や「明神丸」という船名を踏襲しました。藩からの沖口銭などの免税のためにも同名なほうが良かったこともあるのでしょうが、やはり、信仰の深さ、伝統への重みがそうさせたと感じる船名です。だからこそ、この船名を使い続けたと考えられます。

他には「東寶丸」、「東榮丸」、「和会丸」などの船名も前川善兵衛家文書から知ることが出来ます。船の規模は大小様々な船を所有していましたし、船頭の裁量権が大きく、操船技術ばかりではなく、商売センスが必要だったことがわかります。

（二）両社殿　松下烏石揮毫

外辺　縦四三〇㎜　横六九〇㎜
内辺　縦二五〇㎜　横五四〇㎜
飾幅　　一二〇㎜　飾厚四〇㎜

表面には引首印の天覧、落款は烏石辰書の下に辰の丸印があります。スピード感のある筆致で丁寧に書かれた両社殿は、現在並ぶ宮殿、向かって右の稲荷社と左の弁財社を指すものと考えられます。

花石公夫『閉伊の木食　慈泉と祖晴』一九九八年刊行の九十九ページに掲載された写真は周り飾りが壊れていませんが、現在は「両」の文字の上は剥がれて裏側の劣化が進行しています。

この二印は厨川稲荷神社に現存する六代前川善兵衛富長が奉納した扁額「稲荷社」と同印が捺されています。同書の資料編に松橋陸之進氏所蔵「吉里吉里前川善兵衛家勧請霊仏神霊社由来（抜粋）」にある一文が参考になります。

一　右稲荷辨天両社之額弐枚　并一ノ鳥居両社殿之額壱枚
　　安渡鳩崎稲荷額壱枚　善兵衛冨能奉建立之
　但し　右額は京都住烏石先生年七十有余之筆ニ候
明和六年己丑春大槌四日町古里屋左兵衛弟武助　京　大坂　長寄迄登之節
京都ニて烏石へ懇意之手寄を以相頼為認候尤本書は貯置写ヲ以致額彫

とあります。明和六年（一七六九）に長崎に出張する大槌四日町の後に出家して仏眼祖睛となる古里屋佐兵衛弟武助が松下烏石に直接依頼したもので、新規に揮毫してもらったのではなく、書き貯めていたもののなかから扁額に設えたことがわかります。制作年代も明和六年と考えていいでしょう。

そうすると依頼主は五代善兵衛富能で間違いありません。稲荷社、辨天社、両社殿、鳩崎稲荷の扁額四面は刻まれた文字まではわかりませんが文字はわかりませんが、この四面は富能の奉納だとわかっていたはずです。残念ながら今確認出来るのは、「両社殿」しか確認出来ません。烏石は生年からするとちょうど七十歳で、数え七十一歳にあたります。

武助の兄佐兵衛は出家して秀井慈泉となる人物です。この兄弟は二人とも全国行脚の経験があり、常陸国水戸の城東にあった玉樹山羅漢寺開山である惠忍観海敕上人から木食戒を受けていています。同じ大槌町の小鎚川南岸に生井澤（地元の人はなんまいざわと呼ぶ）があります。杉森主人山口清祐（または助）利記浄圓も羅漢寺で修行した観海の弟子です。

大槌の海産物の生産加工と運搬にかかわった財力がある人々は羅漢寺の創建や維持運営に数度にわたって喜捨していたと考えられます。

　大槌町赤浜の三日月神社別当岡谷家には観海上人の念持仏不動明王像と、同上人から印施された三段からなる霊鷲山の説法の様子などを描いた木版画一幅と同上人染筆の般若心経が伝わっています。印施とは印刷した物を流布させる意味があります。上段が文殊菩薩を中心とした五百羅漢の結集図、中段が霊鷲山での釈尊の説法図、下段は摩訶陀国での釈尊の前世の図からなります。全国を行脚して、二千体の仏像を彫り上げる願を立てて、歩き続けた甲斐国出身の仏師木喰上人（年齢を重ねて木食行道、五行菩薩、明満仙人と改名）は大槌出身の慈泉と祖晴と浄圓の三人と兄弟弟子にあたります。

　裏面には記載はなく、松下烏石と前川富能との詳細な関係はわかりません。ただ当時、烏石が京都居ることを知っていての依頼ですし、京都に移る前の江戸で活躍していた時期に面識があった可能性はあるでしょう。

　前川善兵衛家は、江戸の盛岡藩の各屋敷で使用される味噌の製造と運送を任せられていましたし、蔵物や納屋物はすべて大坂に送られるのではなく、江戸で換金あるいは消費するものもあったので、江戸に支店を持って商売をしていました。日光本坊（現在の日光東照宮）修理費用の捻出を盛岡藩から依頼されて、富昌と富能が尽力します。実際に富能が江戸の商人たちと掛け合って、二年分の年貢米だけでは担保として心配だと渋ります。いざというときには善兵衛家の江戸の支店や持ち船の売却をして支払うからと、相手方の商人を説得していきます。盛岡藩の後ろ楯という信用があって、商売が出来たという面もあるでしょうが、その信頼を引き出せる大きな商売を善兵衛家がしていたことの裏付けにもなります。また富昌と富能は俵物と尾去沢や小坂の銅山経営にも参加させられていました。古里屋の佐兵衛と武助のように俵物の集荷に派遣された長崎の役人の宿泊場所を提供し、集荷の便宜を図るなどの仕事をしていれば、大坂、長崎への出張もあったわけですから、全く接点がなかったとは考えられません。

松下烏石は、幕臣松下常親の次男として元禄十二年（一六九九）に生まれで本姓は葛山氏。幼名平吉。名前が辰でした。このため葛辰などと署名することもありました。書は佐々木玄龍、佐々木文山、細井広沢に師事しました。江戸の鈴ケ森八幡社に大きな三角形をした御影石の上部に烏に見える形の黒い模様の浮き出た石を奉納したことに因み、号としました。『江戸名所絵図』に掲載されるほど有名になりました。石は神社に現存します。

晩年は『平安人物志』によれば下魚棚堀川角に住み、西本願寺門主の師匠格として賓客扱いで、京都で暮らしていたことがわかっています。親鸞聖人五百回忌にあたって大師号下賜を朝廷に働きかけるために資金を調達しておきながら、その金を着服する事件が起こります。関係した公家や僧侶は蟄居などの処罰を受けていますが、烏石については詳細が語られていません。没年は安永八年（一七七九）ですから享年八十歳になります。

(三) 東寶丸　久慈文眞揮毫

外辺　縦三九〇㎜　横八三〇㎜　内辺　縦二四〇㎜　横六七〇㎜

引首印は「弄華」、華を弄ぶ。落款は東皐文真の下に、文慎之印と、別號東皐と丁寧に彫り出されています。本名は文真ですが印は、慎を用いています。東皐が彼の号です。伸びやかで、流麗な筆致で、東寶丸と書いています。藩内随一の書家でしたので、依頼した前川家との交流もあったのでしょう。久慈喜八郎文眞は盛岡藩士です。先祖は紀伊国から武者修行に来訪した説と南部光行に同行して甲斐国から来たとの二説が『諸家系図』二十五には紹介されています。南部利直守役を務めた高光は百石でしたが、曾孫の満高は父の死後の出産で、石高が半分の五十石となり、満高の娘に上田氏から一貞を婿養子に入れ、一貞の時に不勤でまた知行が半減。息子の満薫文真は小納戸役を務めて加増されて、元の五十石に戻りました。息子の丹左衛門文和も書家でした。文真は江戸で佐々木玄龍や墨華堂佐々木文山に書を学び、同じく盛岡藩士で能書家として名を馳せた猿橋野右衛門義連こと筆華堂文饒にも学びました。三十二

代当主の南部利幹（としもと）の時に家督相続して、三十三代当主南部利視の時に活躍しました。百石で義昌、義統、八郎、甚五左衛門とも名乗り、御物書や御書物方を務めた人物です。

その文饒から、筆華堂の雅号を受け継ぐ高弟が文真でした。諱は萬薫、号が東皐。孟魯軒の筆法を極めた能書家で、岩手県立図書館には『孟魯軒筆法』が伝わり、詳細に具体的な筆法を伝えています。他に宝暦十年（一七六〇）庚辰季秋に芝明神前の彫工山口屋七兵衛によって刊行された『座右銘』、宝暦十一年（一七六一）山口屋彦兵衛によって刊行された『千字文（下巻）』など十種類が伝存し、保管されています。安永九年（一七八〇）に六十五歳で死去しています。子の丹左衛門は諱が文和で、号は新城です。文化五年（一八〇八）三月廿八日に死去しています。久慈家の菩提寺は盛岡北山の大光山聖壽寺です。盛岡市西郊の厨川稲荷神社には筆華堂文饒こと猿橋野右衛門義連の稲荷という扁額が奉納され、掲げられています。

上　弄華

下　文慎之印　別號東皐

（四）東栄丸　三井親孝揮毫

外辺欠損　縦五三〇㎜　内辺　縦二二五㎜　横四四五㎜
厚二〇㎜　飾り幅八〇㎜　板のみ一四㎜

引首印は「虚堂」に見えるが断定できない。深川と親孝の下に二印ありますが、用材が堅かったせいか、三印とも彫りが甘く稚拙で判読不明です。親孝の号は龍洲ですがそうは見えません。

弓術や馬術に優れ、書家としても一世を風靡した江戸の深川に居住していた三井親和孺卿の子です。父は社寺の祭礼の幟旗や着物や帯、商家の暖簾や寺社の扁額なども手がける流行書家で大変持て囃されました。父の家屋敷を相続したので深川と署名します。この家屋敷は老中で高崎藩主の松平輝高から用意してもらったもので、弓馬の稽古を行うために広大な敷地を有していました。

花石公夫『閉伊の木食　慈泉と祖睛』の資料編によると、遠野市上郷の滴水山曹源寺所蔵の大般若経の巻四六〇の書き込みに、享和二年（一八〇二）七月二日のこととして、次のように記されています。

上　虚堂カ
下　親孝の落款

東都親孝団扇に十二支の象形の篆を書たるを　古郷屋何某もたらし来　其としにあたる人に送る　予も酉を得　此一首をよみてうちわの裏にかきつ

六めくり　かそへてふたつ　あまるとり
八声をきかは　八十二ふりなん

此経満書せんことの願ひ　よりたハふれてよめる

要約すれば、仏眼祖睛の実家古里屋の何某（佐兵衛家）が、江戸の深川に居住していた三井親孝が筆を執った十二支の生き物の形をした篆書の団扇を（大槌まで）もたらした。縁のある人々がその生まれ年の団扇をわけてもらうことになり、私は酉をもらってその裏側に、この大般若経の書写が満願せんことを願って、ちょっと戯れて詠んだ一首を認めましたとありますが、歌の意味が残念ながら読み取れません。

大槌町上町にある浄土宗の見生山大念寺の山門をくぐると本堂への参道の左、奥に観音堂、手前に不動堂が並び立っています。この二堂に扁額「観世音」と「不動尊」と幟旗の「観世音菩薩」が伝わりますが、三つとも団扇を書いた親孝の父親和の筆です。

新しい印かと思ったら、「不動尊」の扁額の印は「親和之印」が一八〇度回転しないと読めないように彫られていました。引首印は「大雅」、「孺卿」は正しく彫られています。「観世音」のほうは、引首印は「大雅」、「親和之印」と「孺卿」正しく彫られています。二つの扁額を同時に同一人物が彫ったわけではないと推定できます。

「観世音菩薩」の幟には、「富賀岡」と「天與子孫　富貴昌宜」の二印が捺されています。親和の自宅は深川にあり、深川には富岡八幡宮がありますから、この「富賀岡」の印を用いたのでしょう。周囲はすべて埋め立て地ですから、少し高い岡は良い目印になったと考えられます。

天は子孫を与え、あるいは興し、富貴は昌（さかん）に宜（よろ）し。とは大変目出度い吉祥句の印です。

観音堂には、全身が金色に輝いているのに、化仏の顔面が白色に塗られています。千手千眼十一面観世音菩薩坐像が安置されています。正面に定印と合掌印の四臂がありますから、両脇は十九臂ずつだと、常軌通りの四十二臂となります。京都、蓮華王院本堂こと三十三間堂のご本尊を想起してください。

右上　東都親和篆と二印
右下　逆さ親和之印と孺卿印
左上　観世音　左中　不動尊
左下　大雅　額縁の摩耗が進む

子の親孝は三日月神社石製扁額「参日月」と旧名二渡神社、現大槌稲荷神社扁額「正一位稲荷宮」など、大槌町には津波被害を受けずに伝存しています。

大槌通の御給人や町場商人たちは、海産物の生産加工や運送などの生業による蓄財で、藩へ献金をして、御給人に取り立てられましたし、江戸から最新流行の文化を移入するために様々な文物を惜しげも無く購入してきたという証でもあります。

扁額と観音堂と扉などは何度も
塗り直されています

（五）稲荷社　南部利剛揮毫

外辺　縦七八〇㎜　横四四五㎜

内辺　縦六六五㎜　横三四〇㎜　飾幅六〇㎜　飾厚二〇㎜

引首印が「節斎」。稲荷社と大書された左ほぼ中央に「左中将源利剛」と「政後逸事」が捺されています。盛岡藩の実質的な最後の藩主である利剛（としひさ）の揮毫であることがわかります。

利剛が左中将に任官するのは幕末の元治元年（一八六四）四月十八日ですから、それ以降の揮毫となります。戊辰戦争時の藩主でした。「政後逸事」とは御用繁多な折だからこそ、それ以外の大切なかけがえの無いことを指すのでしょうか。「節斎」は彼の雅号です。

昭和五十三年（一九七八）の棟札が南部藩主の勧請だと思っているのは、利視はじめ藩主家の人々の巡見や、藩主や藩主の家族が揮毫した掛け軸などを見て、そう思い込んだのかもしれません。

上　政後逸事
中　左中将源利剛
下　節斎

五　水天宮ご神体

右斜辺前斜四八㎜　右辺三一〇㎜　厚二三㎜（表五㎜　中一〇㎜　後八㎜）

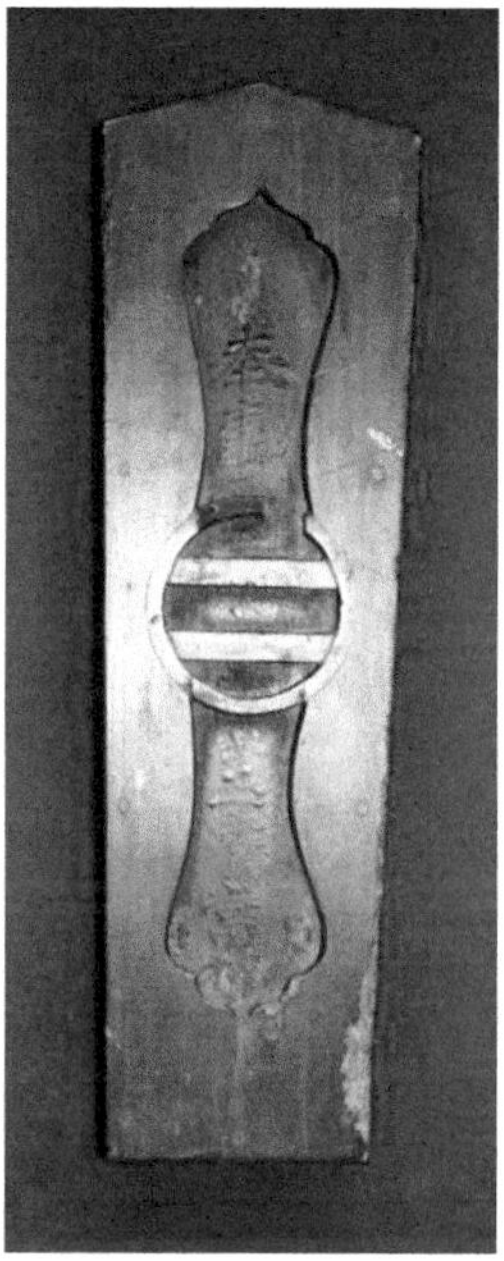

水天宮への信仰は、二十一万石の久留米藩主、有馬家の尊崇から全国的に分霊勧請されて、信仰が広まりました。祭神は天之御中主神（アメノミナカヌシノカミ）と安徳天皇と高倉天皇の中宮で、安徳天皇の生母の建礼門院徳子と平清盛夫人で、徳子の生母、二位尼平時子の四柱です。壇ノ浦の戦いで、入水自殺を遂げた祖母と孫、生き残って出家し、平家一門の菩提を大原の寂光院で弔った娘が神として祀られました。太政大臣平清盛の妻と娘と娘の生んだ孫にあたります。

武士で太政大臣に上り詰めたのも娘が入内して孫が天皇に即位できたことによるので、良縁や安産祈願とともに一族繁栄の願いも含まれるようになりました。

水の神として五穀豊穣や漁業の大漁祈願、造船業者や海運業者は海上安全、水難除去を合わせて祈願しました。建礼門院徳子にあやかって良縁成就や子授安産の祈願も多くなりました。

幕末に尊皇攘夷運動に没頭して、禁門の変に破れ天王山にて自刃した真木和泉守保臣は久留米藩士で水天宮総本宮の宮司でした。

表面は花頭窓風の飾りが上下にあります。彫り込みがあるように見せて、表、中、裏の三枚の板が貼り合わせられています。黒漆で、「奉建立水天宮堂一宇當村」とあります。中央部には前川家の家紋丸に二つ引両を置いています。當の文字を挟んで左右に別当と横に記されています。船霊様風の形をして全体的にニス塗りされています。現在の宮堂は既製の神棚風の既製品を使用しているため本来がどのような宮堂だったのかは、残念ながらわかりません。

裏面には少し右によって「天保十三年　壬寅六月五日　前川甚太夫」とあります。下段には、「芳賀伊勢治、東屋太郎兵衛、芳屋喜右衛門、別当　左近坊」と記されています。芳賀家は吉里吉里の御給人ですし、東屋は前川善兵衛家の商家名です。

東日本大震災後も講を再開したいという申し入れもあったそう、鬮を引いて当たった人物が、自宅にお迎えして尊崇する信仰形態だったと言うことです。吉里吉里地区にとっては大漁祈願、海上安全を祈願する大切な信仰の拠り所だったとわかります。

六　連歌奉納額

縦四二五㎜　横一〇〇〇㎜　額面　縦三一五㎜　横八八八㎜　縁厚五三㎜

工夫をして判読可能部分を増やさなければ、表面全面にニスが塗られていて光って墨書はほとんど読めません。最後に「文化十四年丁丑歳□夏　柳木亭□□楼敬白と見えます。柳下亭観旭楼なのかも知れませんが断定できません。佛眼祖睛とのかかわりがあるのかも知れません。祖睛の死から十一年が経過しています。文化十四年は西暦一八一七年です。

七　疱瘡除け祈祷守護札　佛眼祖睛筆

右斜辺前斜一〇八㎜　右辺三六三㎜　底辺六三㎜　左辺三六〇㎜

左斜辺後斜　七五㎜　厚一二㎜

表面は三文字下げて、「無所従来無所去　奉一心送上所請疱瘡守護神及化現等還座各位向後奉請巡年頓而任天平八年丙子之例應厄軽静　身心無患仰哀愍擁護者也珍重」と三行あり、二文字下げて「寛政十二年（一八〇〇）龍集庚申初冬　　榮女五歳　　満足」と記されています。

一心に疱瘡守護神に対して人々を救うために姿をこの世に顕して元々の鎮座場所にお帰りくださいと願っています。今後は天然痘が流行しないように、天平八年の天然痘の大流行後、沈静化したように願い、身も心も患うことないよう哀愍の情で擁護してくださいと祈っています。天平七年（七三五）に遣唐使の帰朝による九州での天然痘の大流行と、天平八年（七三六）に畿内近国でも流行したものの、その後一気に収束に向かっていることを祖晴は知っているのです。歳次と記さずに、龍集（りょうしゅう）として、ほしやどると読み、同じ意味になります。旧暦の十月に祈願しています。

裏面には、右から「唯尊重法歓楽而必鳴莫著世間秘密」。改行して九文字下げて、「東梅社裏柳下窗獨處不炊　東梅社」。これに並べて「七十二埜衲」と記しています。山形の下に次のように記されています。

「佐し裳草　朕尓祈らは　いもかさの
　もゆる憂悩越　春くひ希やさむ」

艾（さしもぐさ・蓬でつくった医草のこと）　朕（疱瘡守護神）に祈らば　いもかさ（疱瘡のこと）の　もゆる（萌ゆると燃ゆると両方の意味か）憂いを　救ひきやさむ　この和歌は、蓬艾をもって疱瘡の守護神に祈れば、疱瘡の高熱や水膨れや、痘痕（あばた）への心配を消滅して救済してくださいます。ですから気持ちを安楽に休めましょうということなのでしょう。左下に「前川善兵衛家門」と記されています。「棨」という名前の五歳の女の子が天然痘に罹患しないように祈願していますが、祈祷して得られた霊験が前川善兵衛家の全体に歓楽を与えてほしいと祖晴が修法を行ったということでしょう。

寛政十二年（一八〇〇）に仏眼祖晴が七十二歳であったことは、花石公夫『閉伊の木食慈泉と祖睛』の年表とも一致しますし、筆跡から自署だとわかります。それにしても、天然痘の日本での感染史を始め、様々なことを仏眼祖睛は知っています。この知識量はどこで、修得したのでしょうか。幼少期から大槌の古里屋のなかでの教育に加えて、町内の寺子屋に通い、来訪者の手ほどきを受けたこともあったでしょうが、商売上必要なこと以外にも、青年期から壮年期にかけて様々なことに興味関心を持って学んだのでしょう。出家してからも研鑽を積んだのでしょう。水戸の羅漢寺や全国行脚の途中で、探究心に溢れて砂が水を吸うかのように学び続けたのでしょう。多岐にわたって教養深き人物だと彼が書き残した様々な物を読んでいて感じます。

こんなに何でも知っている人物がいれば、神仏信奉者に限らず、話を聴き、思索や発心する人も、文化的な影響を受けて教養を身につけて商売や日頃の生活に生かした人々も多かったに違いありません。祖睛に魅了されて当時の観旭楼には様々な来訪者があって、文化サロンを形成していたに違いありません。

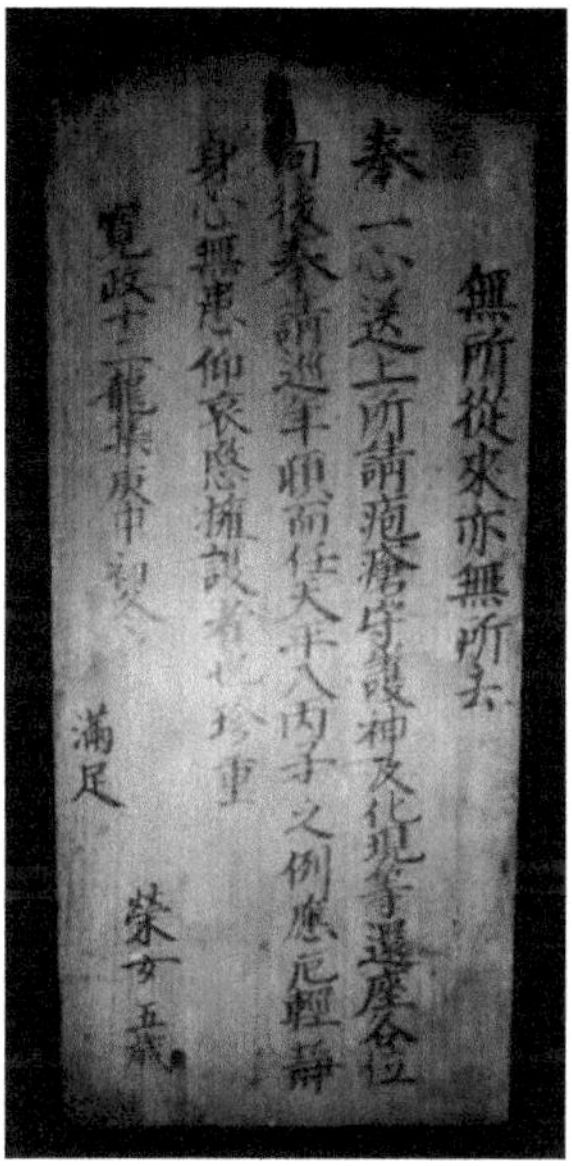

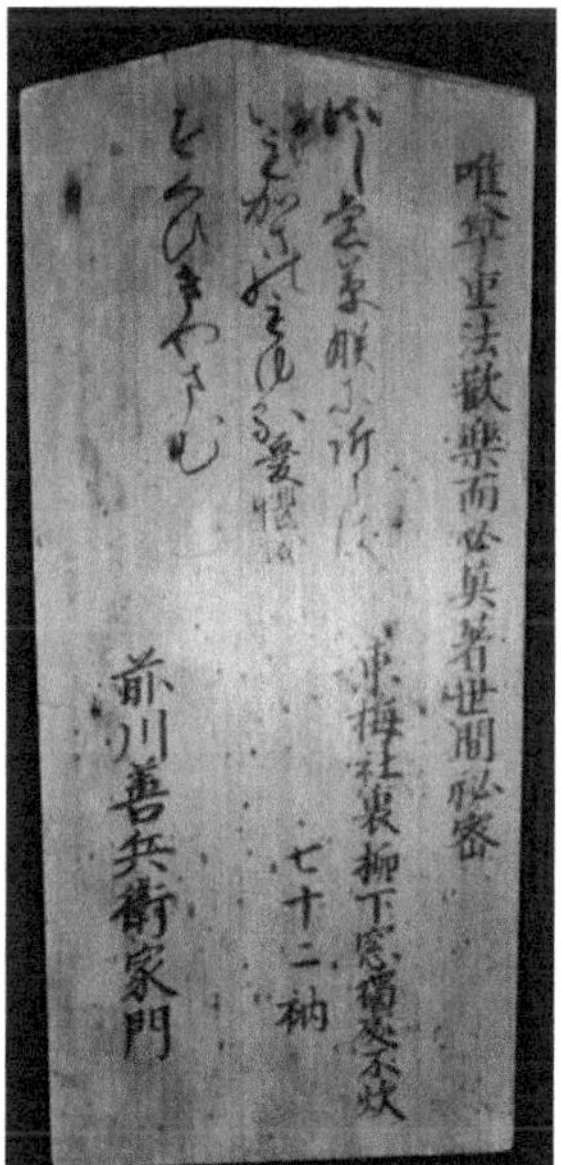

八　宝剣奉納駒札と金刀比羅宮守護札

（一）明治十五年（1882）

右斜辺五三〇㎜　右辺九〇〇㎜　底辺一四三㎜

左斜辺五三〇㎜　左辺八八〇㎜　厚九㎜　右辺のみ添縁板残る

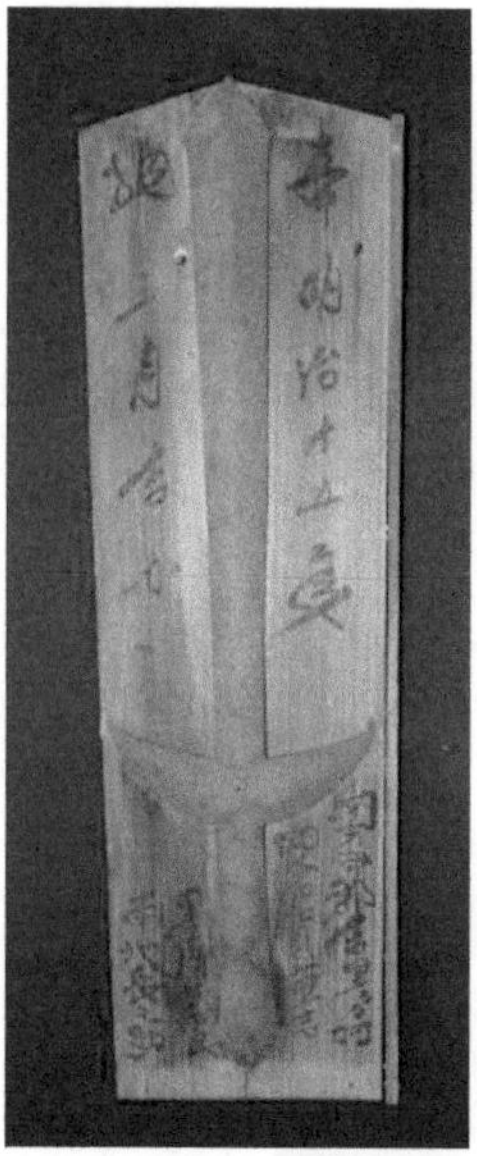

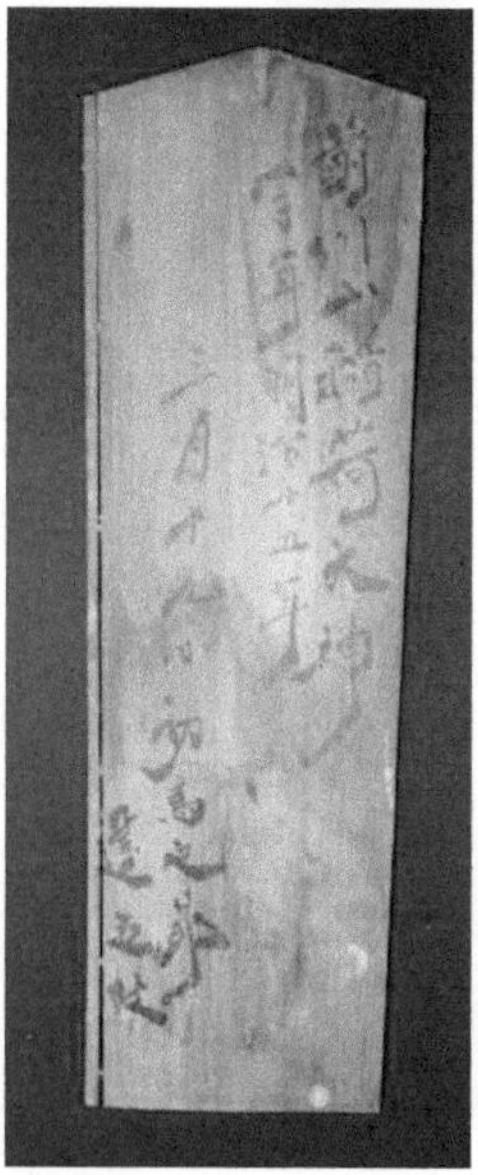

表面は中央に金属製の宝剣をとめ、左右に横書きに奉納の文字を分けて書いています。右は明治十五年（一八八二）　南閉伊郡吉里々々村　二行目に納人　加賀重吉。左は三月吉日黒澤兵治良　角地長之助　あり、裏面は、前川山稲荷大明神〔于時〕明治十五年　三月十九日　初馬之節　建立攸　とかなり癖のある独特な文字で記されています。

明治十五年の干支は壬午（みずのえうま）です。伏見稲荷大社の稲荷神が現在の御山に鎮座した日が、和銅四年（七一一）の二月初午の日とされていますが、その信仰が伝播していて、初午の日を選んで奉納したのでしょう。祈願内容は記されていませんが、海上安全と大漁祈願なのでしょう。

（二）明治四十四年（一九一一）

右斜辺一六三㎜　右辺八二〇㎜　底辺一四〇㎜
残存左辺九五㎜　左辺八二〇㎜　厚二〇㎜

表面は宝剣を中央に左右に横書きで奉納とあり、奉納文字は宝剣で隠れてしまいます。右に明治四拾四年、左に旧九月九日　吉田冨太郎で、裏面に墨書はありません。全国各地で稲荷祭礼は九月九日が多いですが、同様に九月九日を祭礼日としていたのでしょう。前川稲荷大明神の勧請元となった盛岡の厨川稲荷神社では、藩政期の祭礼日は九月の三九日（さんくにち・九、十九、廿九の三日）に分けて湯立神事、相撲、神楽を催しています。

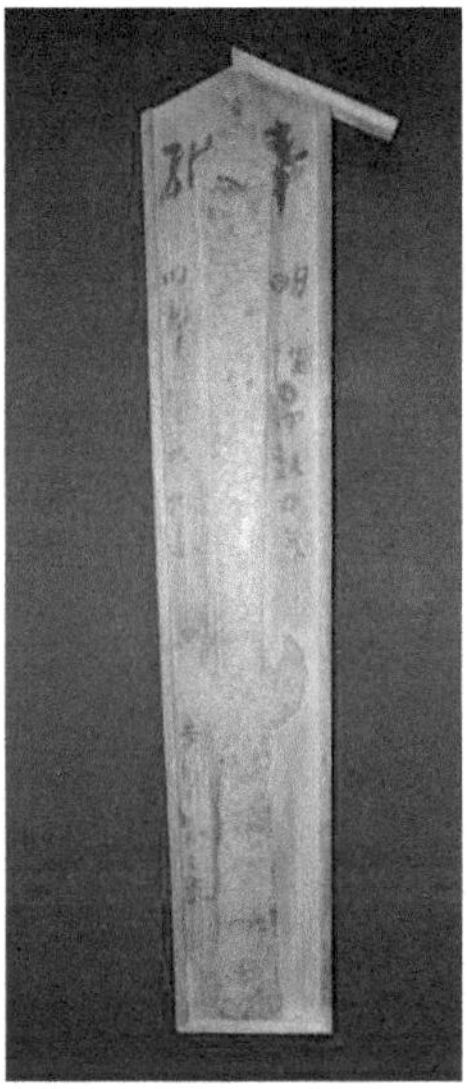

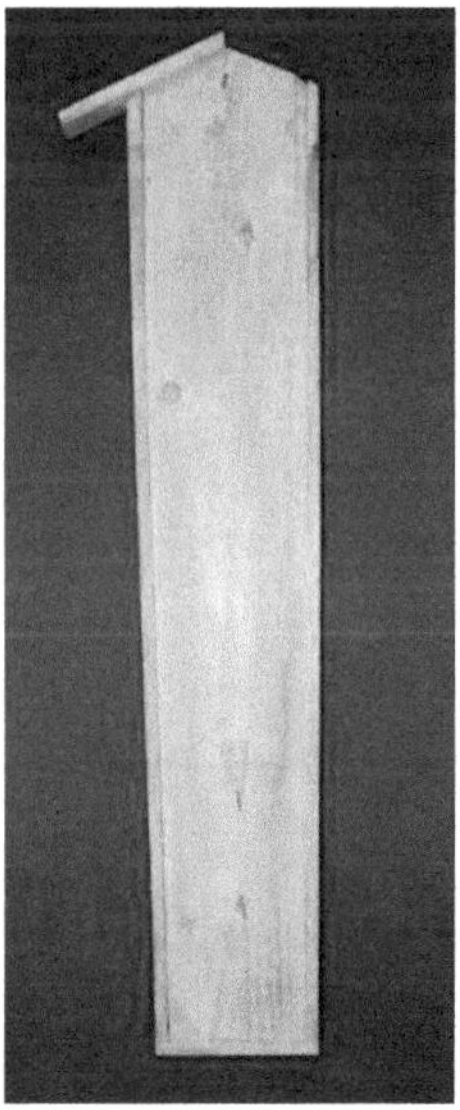

（三）金刀比羅宮守護札

上辺一八八㎜　右辺九三三㎜　底辺一五二㎜
左辺九三三㎜　厚一八㎜

表面に、金刀比羅宮　奉一社一同懇祈家内安全守護攸と一行で、裏面は中央より下に、昭和五十五年三月二十一日旧初午　十八代　友良とあります。十八代とありますが、初代甚右衛門、二代富永、三代助友、四代富昌、五代富能、六代富長、七代富命、八代富壽、九代友孝、十代友良なので実は十八代ではなく、十代にあたります。

『諸家系図』八十五にある前川善兵衛家は、昌長の項に閉伊郡吉里吉里村の農家にして往古よりの富家なり。利視公の享保中、御用金の功によって、盛岡に召し出される。身分不詳、本地十八石新田三十二石、合五十石を賜って御側御金銭廻方を勤む。元文六年（一七四一）七月永く帯刀御免、寛延四年（一七五一）十月、祖父より三代御用勤功を以て御給人に召し出される。利雄公の宝暦五年（一七五五）の凶作の時に金千両を貸し上げる。其の賞を以て二百五十石御加増在りと雖も固辞して拝せず。これによりて、永く御免地を賜ふ。同九年（一七五九）の命に云ふ。今年より、二十ヶ年所務仕候、後可差上げ候と、後願に依て所居住となる。八月死、七十三。

某、善十郎の項に利雄公の宝暦十二年（一七六二）春家督、後数年ならずして死んだ。某、与惣治、部屋住にて父に先立て死。某、半平の項に実、赤澤半蔵義智二男、利雄公の時家督。某、与惣治と半平の姉妹に、養子半平の妻があります。

最初の昌長は三代助友のことでしょう。善十郎は四代富昌の家督前の名前なので四代富昌にあたるでしょうが、藩への貢献度からすれば、日光本坊修理費用捻出や江戸藩邸で食する味噌の製造運搬、参勤交代の費用負担から、銅山の経営参加まで、腐心した富昌の活躍が欠落しています。富昌が野田の中野氏からの婿養子であることは記されていません。

香川県琴平町まで参詣し家内安全を祈願しています。金刀比羅宮は大物主神を祀り、回船業者には航海安全の守護神、漁民には大漁をもたらす漁業神、農民には豊穣を約束する農業神、商工業者には商売繁盛の商業神、町人一般には火事を防ぐ防火神として篤い信仰を集め、江戸時代には金刀比羅詣が大変盛んでした。

与惣治は五代富能で、若いときに勘定方に務めていた菊池与太夫の一人娘の市と結婚していることが、『大槌漁業史』に載る国立研究開発法人水産研究・教育機構　中央水産研

究所図書資料館所蔵の「前川善兵衛家文書」によって知ることが出来ます。
　また富能の子与惣治の娘十七歳に、富能の弟で和右衛門から善太郎と改名した人物の息子茂七二十一歳をめあわせて後継者にしようと考えていました。弟の子を孫娘の婿養子に天明五年（一七八五）の五月に迎え入れています。五代富能の若い時の名前と息子の名前が与惣治で、二人目の与惣治が菊池与太夫の娘市と結婚して、間に生まれていた娘が富能の弟の子茂七と結婚したと考えればいいのでしょうか。ところが、茂七が天明八年（一七八八）八月二日に亡くなっています。戒名は昌林浄栄信士です。このことがあって、赤澤半平を婿養子に入れて六代富長を嗣がせたということでしょう。残された文書からでは、今のところ、このようなところまでしかわかりません。前川家墓地に彼のお墓があり、茂七の妻と、富長の妻は年齢からして別人だと考えられます。

九　おわりに

大槌町吉里吉里の平坦地にある前川稲荷大明神は、東日本大震災の地震や津波に遭い、瓦礫の波に襲われたものの、津波が現在の社殿（覆屋）の腰板（横板）を破って浸水したものの、稲荷神殿と辨財天殿は流出を免れましたし、神社の変遷をたどる手がかりとなる棟札に加えて前川善兵衛家の持ち船の船名扁額も残っていたことは不幸中の幸いでした。

参拝のために掃除はされているものの、津波をかぶったままの文化財は、安定化処理などの適切な処置がなされていないままにされています。劣化の放置は消失など最悪な状態をもたらします。厨子入辨財天像は社殿の床板が津波で歪んでしまったままなので、引き出して調査することは出来ませんでした。厨子には銘文が刻まれていますが、周辺の漆が経年劣化と津波被害による劣化が重なり、文字の判読を妨げている状態です。厨子の扉や床板との接合面からの漆の剥げがひどく大震災から九年の経年劣化がますます進んでいるので、本格的修復が喫緊の課題となっています。まずは二つの社殿と厨子入辨財天像と厨子の調査をして、その文化的価値を確認して、大槌町の有形文化財に指定して、修理計画を立てるなど、後世に伝える作業をして、信仰のよりどころを消滅させない対処をすべきだと考えています。

前川善兵衛家文書によって、出航前に鵜住居観音堂へ参詣して御初穂を奉納していることが確認出来たことは、東日本大震災後、御堂の再建、信仰の拠り所の復活にむけて活動をしている鵜住居観音奉讃会・観音堂再興世話人としては望外の喜びでした。震災後に残存あるいは救出された文化財がどれほど、どのような状態でどこにあるのか、町教育委員会や吉祥寺などの協力を得て、それらを分類して簡易な解題を付けて目録作成などの再整理が急務だと感じました。文化財の現状や保管状態を確認してその価値を町民に再認識してもらう作業はやらなくてはならない。町や岩手県にとっても貴重な文化財を町教育委員会と連携して、適切な保存管理、修理などを行動に興さなければと痛感しています。

参考文献（年代順）

弄翰子編『平安人物志』宝暦六年版（一七五六）明和五年版（一七六八）・安永四年版（一七七五）平安書林
松平定信編『集古十種』十八（扁額）　一八〇〇
新渡戸仙岳先生口演・久慈源一郎先生筆記『盛岡郷土史談会誌』四巻三号　一九三九
太田孝太郎『南部藩の書画』一九四一
太田孝太郎編『盛岡市史』別篇　正編（人物志）　盛岡市　トリョー・コム　一九五四
太田孝太郎編『盛岡市史』別篇　続編（人物志）　盛岡市　トリョー・コム
太田孝太郎編『盛岡市史』別篇　再続編（人物志）　盛岡市　トリョー・コム　一九六四　一九六一
中田勇次郎編　中井敬所「日本印人伝」『日本の篆刻』二玄社　一九六六
大槌町史編纂委員会『大槌町史　上巻』　大槌町役場　一九六六

森銑三『森銑三著作集　第四巻　人物篇』「三井親和」　中央公論社　一九七三
盛岡市『盛岡市史　第三巻』復刻版　トリョー・コム　一九七九
大槌町漁業史編纂委員会『大槌漁業史年表』　大槌町漁業協同組合　一九八〇
大槌町漁業史編纂委員会『大槌漁業史』　大槌町漁業協同組合　一九八三
野田村教育委員会編〔野田村誌　付誌副本叢書第六集〕『村の歴史文化手帳』　野田村　一九八三
大槌町史編纂委員会『大槌町史　下巻』　大槌町役場　一九八四
前川隆重外編『南部藩参考諸家系図』　国書刊行　一九八五
中島茂光「南部盛岡藩・書家の久慈文真」『花巻史談』十八号　一九九三
中島茂光「東皐文真・真蹟千字文」『花巻史談』十九号　一九九四
花石公夫『閉伊の木食　慈泉と祖晴』一九九八
岩手県姓氏歴史人物大辞典編纂委員会『岩手県姓氏歴史人物大辞典』角川書店　一九九八
小松雅雄『江戸に旋風　三井親和の書』信濃毎日新聞社　二〇〇四
高橋昌彦「南部盛岡藩文芸人名録」『福岡大学研究論文集』二〇一三
柳宗悦『木喰上人』講談社　二〇一八
佐々木勝宏『厨川稲荷神社の信仰と歴史』ツーワンライフ　二〇一八

前川善兵衛ゆかりの三神社

〔3〕三日月神社

大槌町赤浜

一　はじめに

岩手県上閉伊郡大槌町吉里吉里地区にある前川稲荷大明神が、盛岡市稲荷町の厨川神社から勧請されたという伝承を確認するために現地を訪れました。東日本大震災の時の津波はこの大明神を襲い、瓦礫が押し寄せましたが、周囲より少し高かったために、腰板は破壊されましたが、建物自体は大破や流出することなく残りました。幸いなことにこの建物内に鎮座する稲荷社と辨天社の二社殿と棟札や船号の扁額などは現存していて、最古となる宝暦九年の棟札と、それを受け継ぐ安永六年の棟札の裏面によって、勧請のことは事実であることが確認出来ました。その際、数枚あった船号の扁額のなかに江戸で一世を風靡した書家の三井親和孺卿の子、三井親孝龍洲の手になる「東榮丸」がありました。調査にご協力くださった郷土史家の徳田健治氏から、赤浜の三日月神社に三井親孝の石製扁額があるからと案内され、訪問したのが調査のきっかけでした。

三日月神社は赤浜の半島突端に近い丘陵上に鎮座していて、数度の建て替えを経て、東日本大震災の地震や津波の被害を直接受けていませんでした。中腹の歴代墓所の墓石は津波によって薙ぎ倒されてしまいましたので、その高さや津波の威力の恐ろしさを改めて痛感させられます。三井親孝の扁額は、ほぼ中央から二つに割れています。参日月の篆書と親孝の署名は確認できますが、印の部分は摩耗が激しく、肉眼では判読出来ないままでしたので、急遽、田口弘明氏から拓本をとってもらいましたが、一文字も結局は、読み取れませんでした。須弥壇に安置されている、ご本尊不動明王立像と左隣の弁財天坐像を拝観いたしますと、二つの尊像に対する由緒書と別当岡谷家の系図があるということで早速、見せていただきました。巻子は、折れ、染み、汚れ、剥げや虫喰いが見られ、軸木も虫喰いなどによって劣化が著しく、この三巻の修理を所有者の岡谷喜一氏から依頼され、その仲立ちがきっかけで、『釜石市誌　資料篇　二』に掲載された、他の文化財の調査をすることになりました。

現在の参道と鳥居

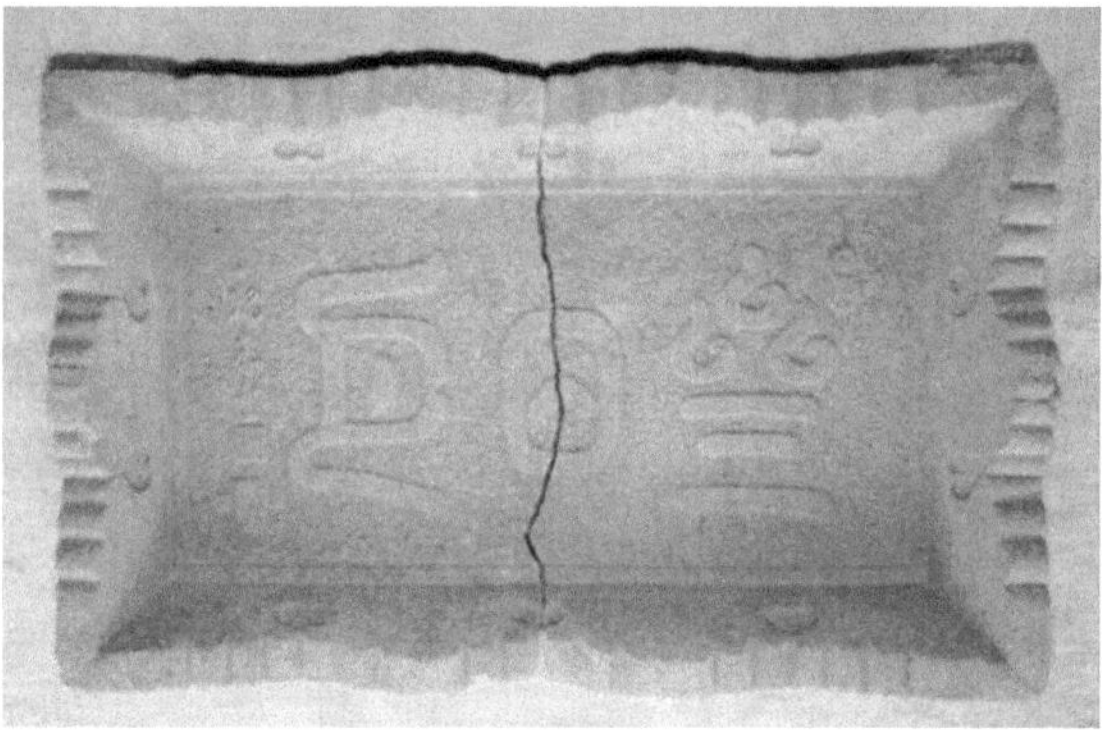

三井親孝筆の「参日月」の石製扁額

二 『岡谷氏系譜畧』（以下『系譜畧』）二四一㎜×五三六〇㎜

（　）内は執筆者の補足

岡谷氏は源氏の末裔で菊池氏を名乗っていました。世の中の秩序が乱れている間に、剣や弓矢は武器袋にしまって、武士であることを隠して庶民として暮らして数世代を経ましたが、詳細までは顕かではありません。先祖の采女は奥州の閉伊郡の橋野村に居住するようになりました。と始まります。墓石に祖眼傳法信士とある人物で、この人が私どもの始祖であると代々、伝えられてきました。『系譜畧』には次のように続きます。

その采女の子の助十郎と孫の嘉惣治も橋野村にそのまま住み続けていました。地頭（知行主）の楓（地元ではカエデと呼ぶ：本姓は鶏冠井：カイデと読む。）某（助左衛門）の暴虐によって村人のありとあらゆる生産活動が何もかも立ち行かなくなり、家や耕地を捨てて村から出て行く人が続出するなど、状況は日々悪化して村は荒れ果て、物寂しい状態に陥っていました。

嘉惣治は、肝煎（東北地方の村長格の呼称：原文は里正）でしたから、この暴政を正そうと心を込めて、意を尽くして精一杯、楓氏に諫言しましたが、聞き入れられずに、逆にこのことを根に持たれてしまいました。村人たちはこの様子を見て、いよいよ結束を強く固め、大きな行動を起こそうとしました。その村人たちの勢いをとめることができないと判断して、村人の多くが罰せられるような大事にしてはならないと、嘉惣治は覚悟して自らが先立ちとなって盛岡城下へ出向いて、知行主鶏冠井の悪政を訴え出ました。鶏冠井助左衛門は盛岡に居住しているのに、いつ、どこで、諫言したのでしょうか。鶏冠井が橋野村に出張ってきた時があったのでしょうか。疑問に感じます。

訴えを受けて厳しい御詮議（事情聴取）があり、その甲斐あって訴えが聞き届けられ、楓氏は死を賜り、家禄没収となりました。嘉惣治は率先して直訴した首謀者ですから、その罪は逃れられまいと観念して、自ら出頭して罪を乞いました。藩はこれを義烈だと褒めて許し、贖罪（罰金刑・首繋ぎ料を支払って助命する）としました。ところがその命令の通りにはならずに、嘉惣治は橋野村の荻ノ洞（おぎのどう・地元では鬼の洞・オニノドウと呼ぶ）で、延宝甲寅（二年）十一月三日に斬罪に処されました。享年三十二歳でした。その場に、小祠を建て、村をあげて供養してきました。その後も今日まで供養を続けて、途絶えたことがありませんと続きます。

訴え出た後は、すぐに詮議になるわけですから釈放されるわけがなく、自ら出頭したという部分は眉唾物だと思います。十一月三日は新暦に換算すると十一月三十日にあたり、かなり寒い時の処刑執行だったということになります。嘉惣治が獄中で吟味を受けている時に同じ橋野村の小屋野十三郎（『系譜畧』は三十郎）は、自分も直訴の首謀者であるからと、乗り出て、嘉惣治と同じく荻洞で同日、斬られました。その嘉惣治と十三郎の義気が一致した行動に対して、村の人々は皆、悼惜の念を持ちました。と続き、嘉惣治の妻子のことが記されています。

嘉惣治の妻は岩間左近の娘で、二男一女がありました。事件後、妻は子を連れて実家の岩間氏を頼り、身を寄せました。長男平十郎は成長すると抜きんでた才覚に溢れ、その才

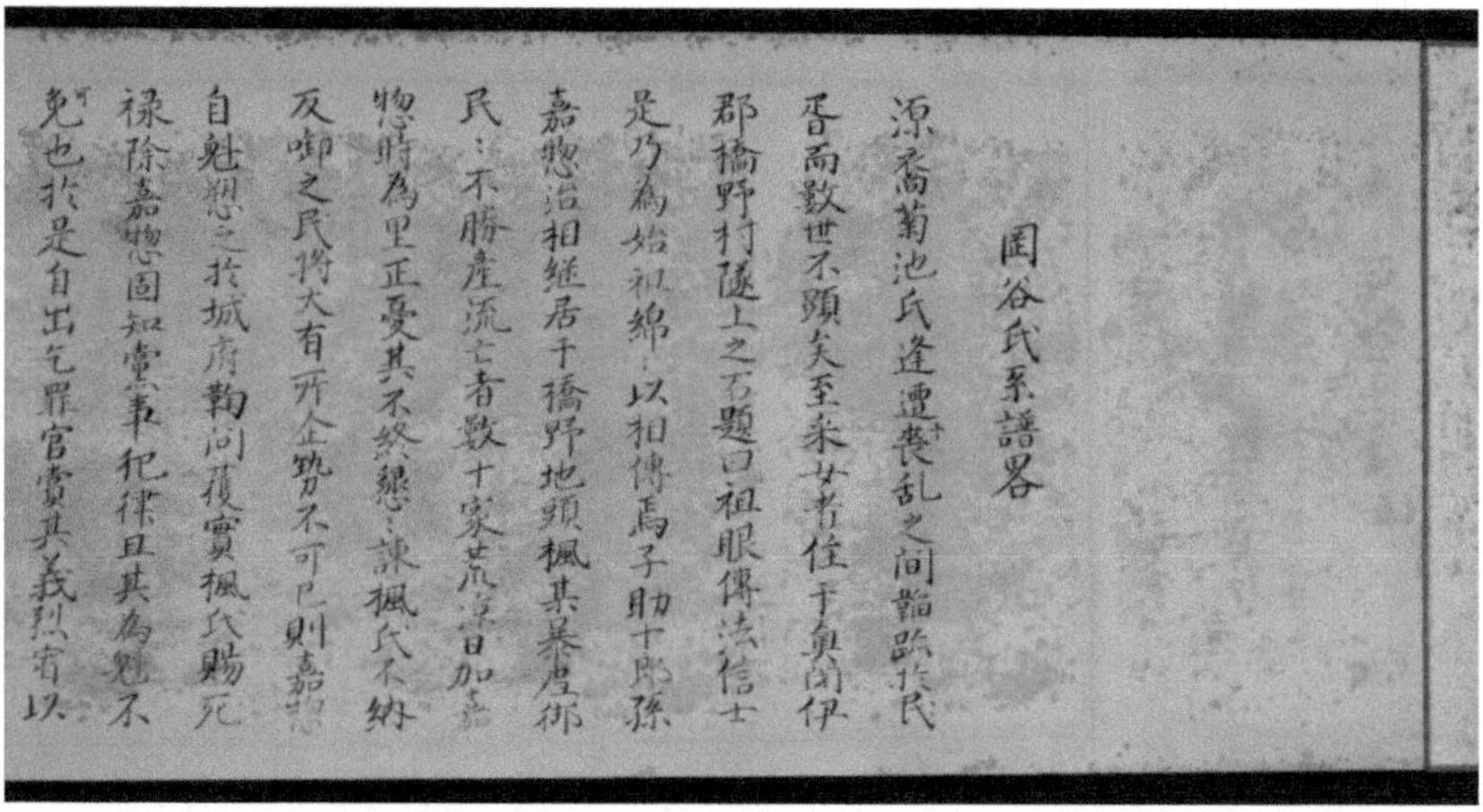

岡谷氏系譜畧

源裔菊池氏逢遭喪乱之間韜跡於民
間而數世不顕矣至采女者住于奥州伊
郡橋野村隧上之石題曰祖眼傳法信士
是乃為始祖綿々以相傳焉子助十郎孫
嘉惣治相継居于橋野地頭楓某暴虐掠
民々々不勝産流亡者數十家荒蕪日加嘉
惣時為里正憂其不終懇々諌楓氏不納
反嘲之民將大有所企勢不可已則嘉惣
自魁愬之於城府鞫問獲實楓氏賜死
禄除嘉惣固知黨事犯律且其為魁不
免也於是自出乞罪官賞其義烈宥以

岡谷氏系譜畧

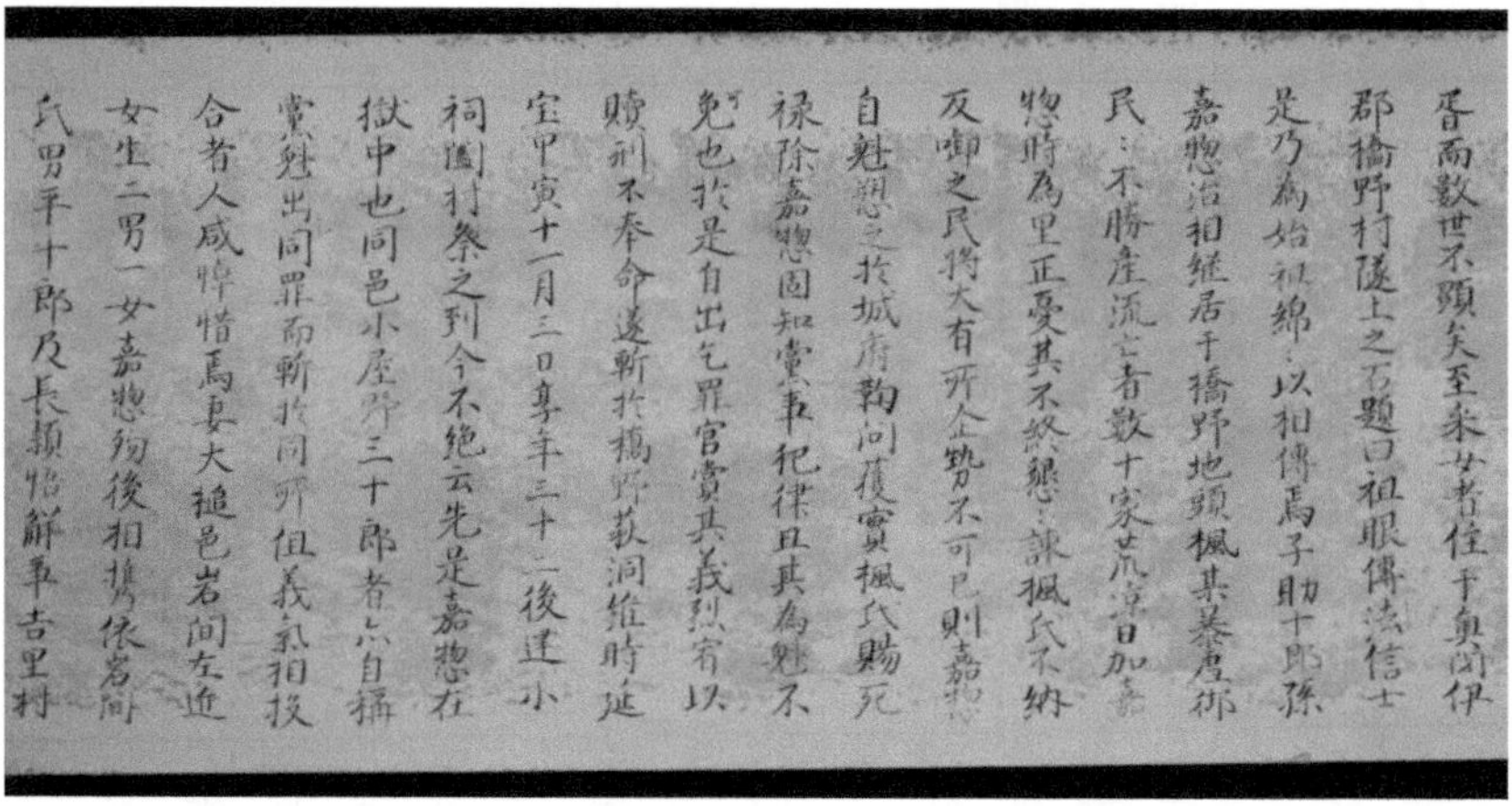

間而數世不顕矣至采女者住于奥州伊
郡橋野村隧上之石題曰祖眼傳法信士
是乃為始祖綿々以相傳焉子助十郎孫
嘉惣治相継居于橋野地頭楓某暴虐掠
民々々不勝産流亡者數十家荒蕪日加嘉
惣時為里正憂其不終懇々諌楓氏不納
反嘲之民將大有所企勢不可已則嘉惣
自魁愬之於城府鞫問獲實楓氏賜死
禄除嘉惣固知黨事犯律且其為魁不
免也於是自出乞罪官賞其義烈宥以
贖刑不奉命遂斬於橋野荻洞維時延
宝甲寅十一月三日享年三十二後建小
祠闔村祭之到今不絶云先是嘉惣在
獄中也同邑小屋野三十郎者亦自稱
黨魁出同罪而斬於同所但義氣相投
合者人咸悼惜焉妻大槌邑岩間左近
女生二男一女嘉惣殉後相携依岩間
氏男平十郎及長頼悋解事吉里村

楓氏賜死と嘉惣治の斬罪部分
小屋野の三十郎とあり、墓碑のように十三郎ではない能を吉里吉里村の前川氏（年代的には善兵衛家の三代助友から四代富昌にかけて、実際に面倒を見たのは善右衛門光栄）が大変気に入って一人前に育て上げました。赤浜村に前川氏所有の漁具などを収納しておく納屋がありました。その管理をまかせ、最終的には、当地の漁業のすべてを任せました。そのような経緯があって、平十郎は赤浜に移り住み、その後、独立して岡谷氏の祖となりました。本来は岡の上、或いは岡の谷間や窪地に家屋に建てて居住したので、岡屋あるいは岡谷と名乗るようになったと考えられます。平十郎は元文丙辰歳（元年：一七三六）九月七日に、六十六歳で亡くなりました。法号は丹方自丘居士で、家の後ろの山に葬られ、この場所が以後、一族の墓地となりました。吉里吉里村の虎龍山吉祥寺が菩提寺ですが、寺までは遠いので、ここを墓地としました。次男佐兵衛は大槌の菊池氏に養われ、篤厚で、困っている人に、救いの手を差しのべる行動を進んでするような人柄でした。この家が仏教者として全国の霊地を巡礼し、様々な文化の振興に貢献した兄秀井慈泉と弟仏眼祖睛の生家にあたります。長崎から俵物を買い付けに来る役人の宿をするなどした家でもあります。二人は子に家業を任せられるようにしてから、出家しています。

平十郎の後は子の平助が継ぎました。延享丁卯（四年：一七四七）九月晦日に亡くなり、法号は貫山了通居士です。妻は澤田村の多助の娘でした。平助の後は子の喜兵衛が継ぎました。寛政己酉（元年：一七八九）十二月朔日に亡くなり、法号は大道良安居士です。妻は木村氏でした。息子は父の名喜兵衛を襲名しました。人柄は、素朴で温順で物静かでした。商才があり、江戸で海産物などの販路拡大などで成功し、家運が隆盛して繁栄できましたので、家の後方の山を切り開いて朏（みかづき）不動尊の祠を建てて安置しました。それ以来、祭祀を途絶えることなく続けてきました。文政丁亥（文化十年で、西暦一八二七）四月廿三日に亡くなりました。享年七十歳でした。法号は、英山良智禅居士です。妻は平野氏の出で、後継ぎは久温でした。通称は三喜右衛門です。大浦村の川端氏を助けるなど親戚に誠意を尽くしました。父祖の志を集めて献金して士班に列したとありますから、大槌通御給人取り立てられたことになります。盛岡城下や江戸の各藩邸が火災で大惨事に見舞われた際には、三閉伊通の御給人たちには、藩から献金の要請がありました。果報なことだからと言って納めてはいますが、実質的には藩から献金を強要されたようなものでした。

続いて親戚が集まって皆で話し合う機会を持ったことが記されます。菊池氏の来歴が詳しく伝わらなくなる可能性があるので、人によっては偽造を疑う者もいるだろうが、岡屋の号は、周辺の人々に浸透しているので氏の名としている。菊池氏であることは、家譜に書き留めてあるから、今更、菊池に戻す必要もない。藩（代官所）も岡屋として届けて通用しているのだから、旧に戻すこともないので、このままで良いと決めたとあります。

久温は天保庚辰（実際にはこの干支は存在しない・甲辰の誤りで十五年にあたる。）『岡谷家過去帳』によれば天保十五年七月廿三日に六十歳で亡くなり、法号は清涼軒徳翁提隣居士となっている。妻は阿部氏で三男三女を儲けました。その後は、久良が継ぎました。通称は富五郎で、法に定められたことを良く守り、家名を損なったということなどは聴いたことがない。と結び、ここで終わっています。

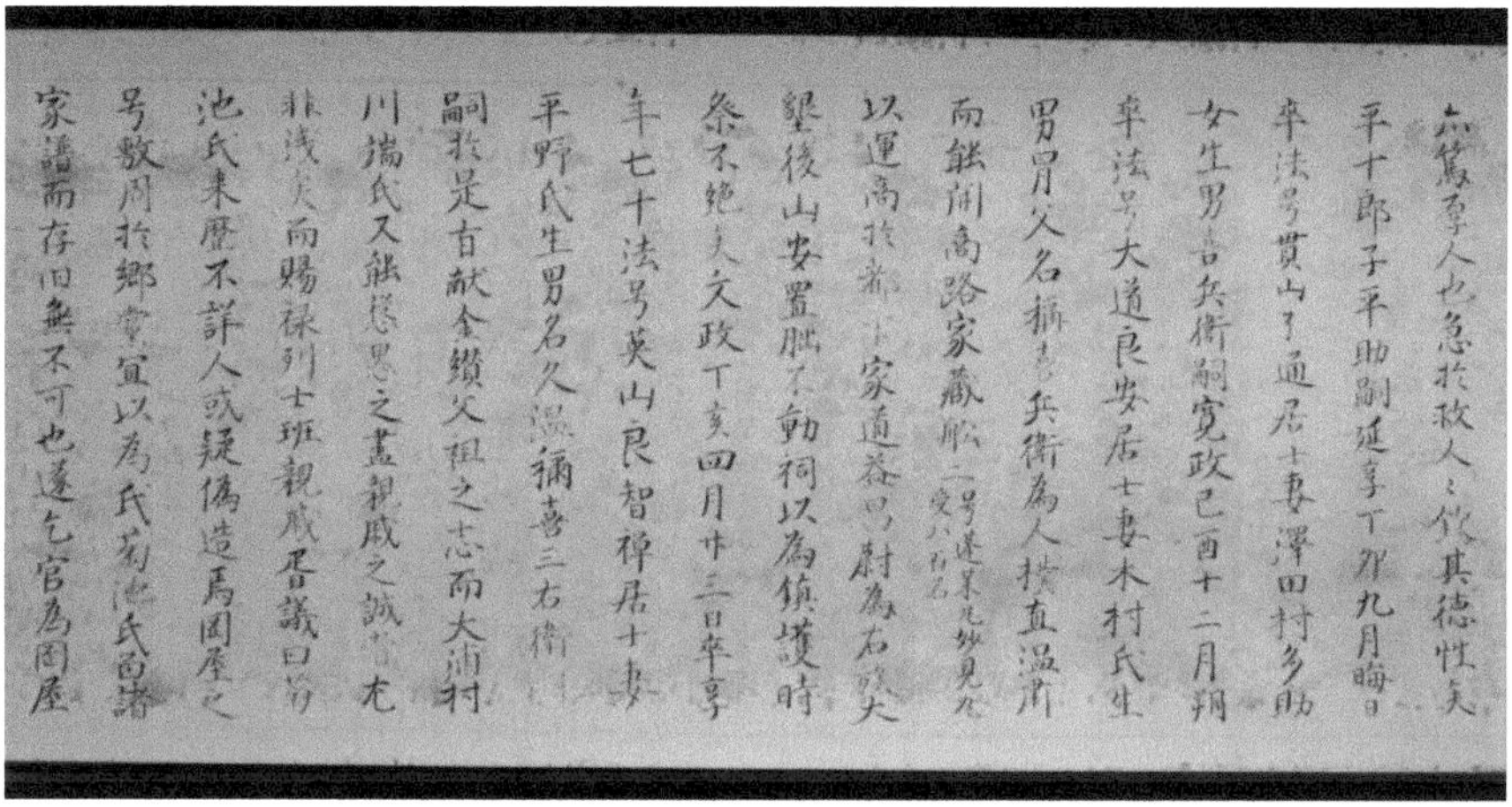
亦篤孝人也急於救人々飲其徳性矣
平十郎子平助嗣延享丁卯九月晦日
卒法号貫山了通居士妻澤田村多助
女生男名兵衛嗣寛政己酉十二月朔
卒法号大道良安居士妻木村氏生
男嗣父名稱喜兵衛為人抜直温粛
而能開高路家蔵舩二
以運商於浦々家道益興尉為石致大
壑後山安置肚不動祠以為鎮護時
条不絶矣文政丁亥四月廿三日卒享
年七十法号英山良智禅居士妻
平野氏生男名久温稱喜三右衛
嗣於是貢献金鑽父祖之志而大浦村
川端氏又能慈恩之盡親戚之誠尤
非浅矣而賜禄列士班親戚吾議曰菊
池氏来歴不詳人或疑偽造焉岡屋之
号敷同於郷党宜以為氏菊池氏留諸
家譜而存旧無不可也遂乞官為岡屋

平助、喜兵衛、三喜右衛門の事績部分
菊池に戻さず、岡屋（岡谷）のままで良いという部分

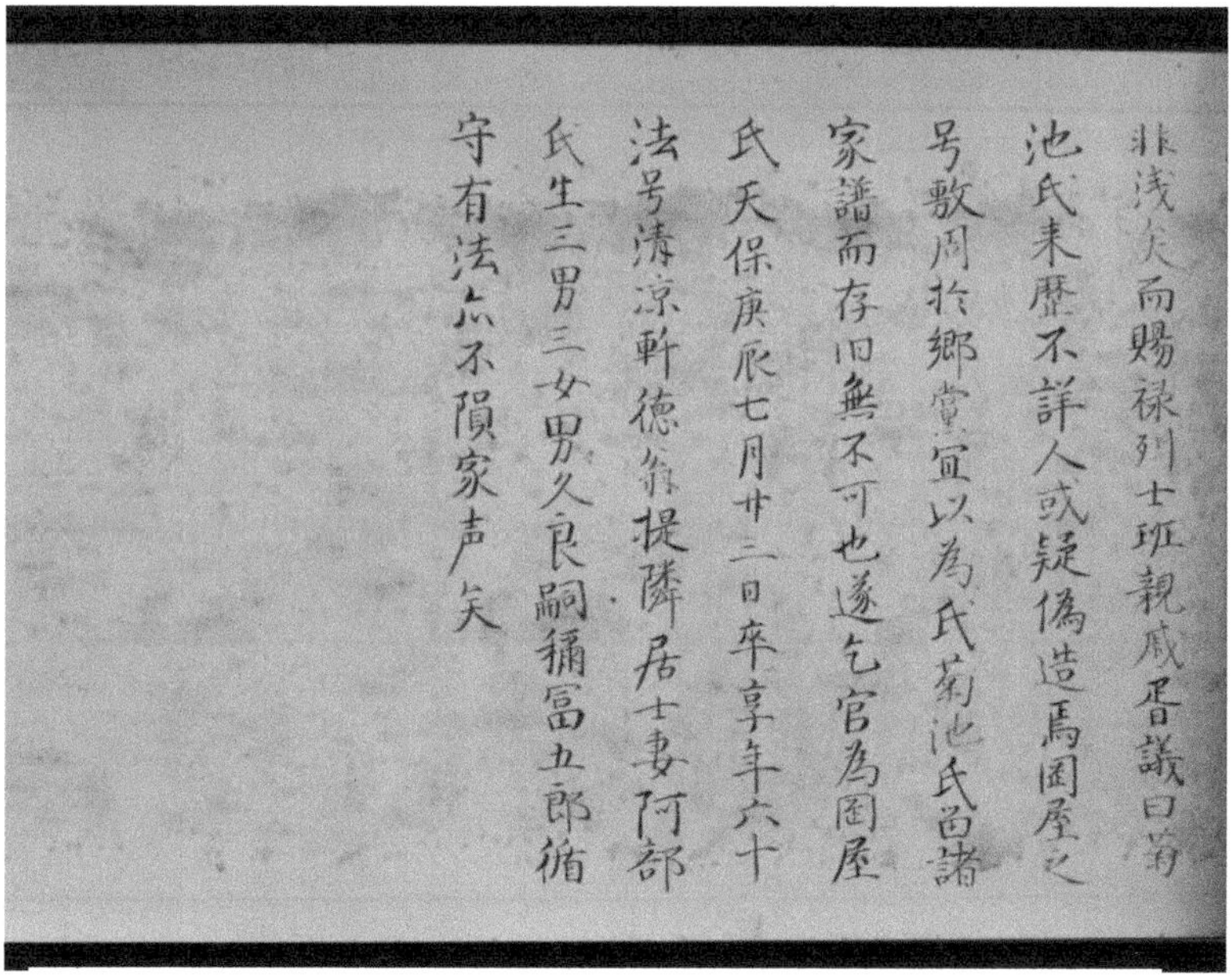
非浅矣而賜禄列士班親戚吾議曰菊
池氏来歴不詳人或疑偽造焉岡屋之
号敷同於郷党宜以為氏菊池氏留諸
家譜而存旧無不可也遂乞官為岡屋
氏天保庚辰七月廿三日卒享年六十
法号清涼軒徳翁提隣居士妻阿部
氏生三男三女男久良嗣稱冨五郎循
守有法亦不隕家声矣

岡谷氏系譜畧最後部分　空白が続く

『系譜畧』そのものは、まだ余白がありますが書き継がれてはいません。嘉惣治の子が初代平十郎、二代平助、三代喜兵衛、に続き、四代喜兵衛、五代久温（喜三右衛門）と続き六代が久良（富五郎）であることがわかります。

『岡谷家過去帳』によれば富五郎の法号は蕉流軒鶯吟岡谷居士と名づけられています。五十歳で亡くなっています。蕉風俳諧を嗜んでいたのでしょうか。

久温の天保十五年（一八四四）死去から、久良の安政四年（一八五七）九月廿二日の久良が亡くなる以前の十三年間に『系譜畧』は執筆されたことがわかります。天保十五年（一八四四）で、歳次甲辰で十二月二日に弘化元年に改元されます。単なる間違いなのでしょうか。この『系譜略』には年号や干支の誤りが幾つかあります。この後はずっと白紙が続きます。

嘉惣治、平十郎、平助、喜兵衛（喜三右衛門、大道良安）、喜兵衛（春里）、久温（喜三右衛門）、久良（富五郎）と続いたことを知ることが出来ました。なぜ現実にはない年号や干支を使ったのかは、今後も検証して行かなければなりません。

安永写し

現在の過去帳

三　岡谷家過去帳

岡谷家には、現在の虎龍山吉祥寺の髙橋英悟住職の手になるものと、現当主岡谷喜一氏の父喜平氏が書いたものと、安永十年歳次辛丑（一七八一）仲春（二月）吉祥現住（吉祥寺の現在の住職）の過去帳序に二印捺されたものの三帳があります。安永の過去帳は署名のところが破れて欠損して確認出来ませんが、大到見牛師あるいは萬丈鐵山師の手なのかも知れません。明治二十九年（一八九六）の津波によって一家で六人が犠牲になっていますが、ここでは、江戸時代までに限りたいと思います。

『岡谷家過去帳』も橋野村に居住しはじめた戒名祖眼傳法信士の采女から始まります。その子が助十郎で妻は戒名芳庵妙仙信女で、その子が嘉惣治です。その妻は岩間左近の娘で無底妙功信女。事件の後に、八幡孫兵衛と再婚して七之丞が生まれています。

橋野村の知行主鶏冠井助左衛門の暴政を訴えた肝煎の嘉惣治の長男は、岡谷氏の初代となる戒名が丹方自丘居士の平十郎です。その妻の戒名は醒庵妙悟信女、間に二代平助が生まれています。

『系譜畧』で嘉惣治の子は二男一女となっていますが、『過去帳』では、長男平十郎と、大槌の菊池氏、古里屋佐兵衛家に養育された次男。道又庄三郎の妻で、戒名が来因妙白信女が平十郎の妹とあります。そして平十郎の姉で、戒名が長縁命幾信女は丹方の実姉とありますから、平十郎の姉で、嘉惣治の長女であったことがわかります。年齢が平十郎などの三人より離れていて、早く嫁いだからでしょうか、『系譜畧』では、兄弟姉妹の数から漏れたのではと考えられます。残念ながら俗名がわかりませんが、過去帳によると、この姉は倉田半六の妻になる娘を産んでいます。半六の姉は平十郎の妻でした。

二代平助は戒名貫山了通居士で、妻は澤田村の多助の娘で戒名は智勇妙恵信女です。彼女の兄は澤田吉郎八、妹は大槌の倉田次良兵衛の母です。もう一人の妹が後川原喜之助の妻です。平助の連れ合いの妹だと言うことで『過去帳』に見えます。倉田半六と倉田次良兵衛は姻戚なのでしょうが、二人の関係はわかりません。平助の子は二男二女ですが、三代となる喜兵衛の姉と弟は幼くして亡くなっています。喜兵衛の妹は釜石酉蔵に嫁ぎ、戒名は、讃室妙歎信女です。

三代喜兵衛は大道良安居士で、妻は豊間根金右衛門の娘で、戒名が花容妙心信女です。父金右衛門の戒名が衆應居海居士で、母の戒名は祥雲妙起信女と『過去帳』に記されています。

四代喜兵衛は戒名が祥雲軒英山良智居士。その妻は平野氏でした。戒名は快容妙慶信女で、俗名は津満。その間に生まれたのが、五代久温は三喜右衛門で、戒名は清凉軒徳翁提隣居士です。妻は戒名が寿相妙貞大姉で阿部氏です。六代は久良、富五郎で戒名は蕉流軒鶯吟岡谷居士とあります。もしかすると蕉風の俳諧を嗜む人物だったのでしょうか。戒名からふとそう思いました。

四代は祥雲軒、五代は清凉軒、六代は蕉流軒と戒名に軒号がついていますので、海運業などで家運が隆盛して財力を維持拡大していたことがわかります。

このほかに初代平十郎の娘が二人いて、一人は岩間嘉七の養母、もう一人の娘は釜石の新沼久八の妻として過去帳に載っています。関係がはっきりしませんが波板の勘十良、勘右衛門、吉兵衛の母が出てきます。

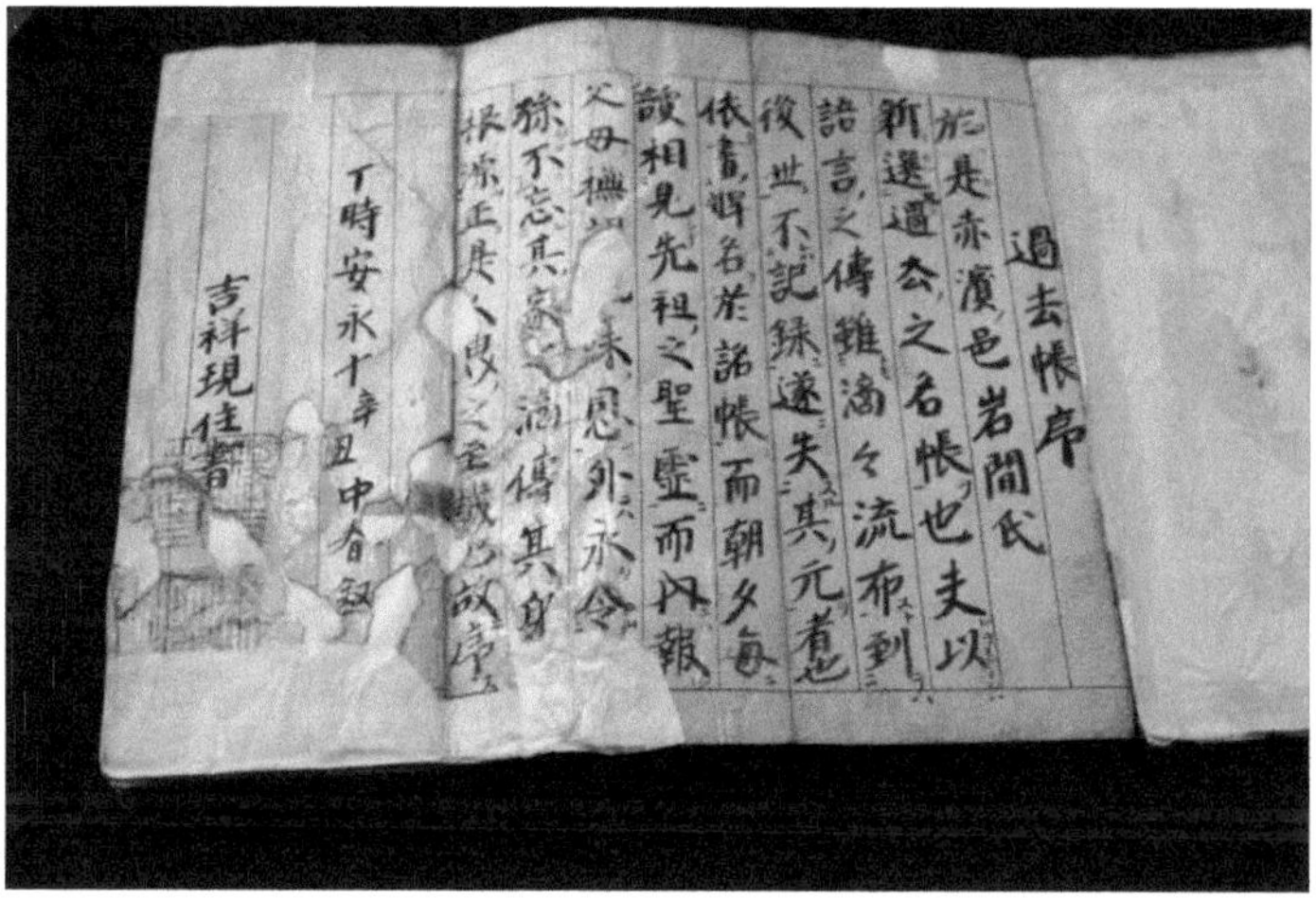
過去帳序
於是赤濱邑岩間氏
新選過去之名帳也夫以
語言之傳雖滴々流布到
後世不記録遂失其元意
依書斯名於諸帳而朝夕無
読相見先祖之聖霊而内報
丁時安永十辛丑中春叙
吉祥現住書

岩間家過去帳の序
安永十辛丑春叙と吉祥現住書と二印が
見える　先祖供養や父母の恩を説いている

岩間氏、波板氏、八幡氏、豊間根氏、倉田氏、新沼氏、釜石氏や阿部氏、平野氏、澤田氏、後川原氏、釜石氏、菊池氏など、大槌通代官所管内（現釜石市、大槌町、山田町に相当）で婚姻を重ねていたことが、わかりました。

『系譜畧』と『過去帳』には齟齬がありません。多くの人々の俗名、戒名、命日はわかるのですが年代が下ってくると続柄が次第に記載されなくなり、それぞれの人物の関係が把握できなくなってしまい残念です。

四　橋野村知行主鶏冠井を訴えた肝煎嘉惣治の事件

（一）花石公夫『閉伊の木食　慈泉と祖睛』による事件紹介

花石氏の前掲著書三十一頁から『岡谷氏系譜畧』を読み下して事件を紹介しています。地頭の楓某が暴虐で、生業が立ち行かなくなり、村から出て行く者が数十家に及んだ。日を追うごとに村は荒涼としていった。里正の嘉惣治は暴虐をやめない状況を憂い、懇々と諫めたけれども楓は聞き入れるどころか逆にこれを疎ましく思って恨みに思いました。民が大きな企てをもたんとして、その勢いを止めることができなかった。そこで嘉惣治は自ら魁となって上へ愬えた。城府にて鞠問を受けて、実を得た。楓は死を賜り、禄も除かれた。嘉惣治は事を党（くみし）て、行ったので、律を犯したことは知っていたので、その魁（かしら）として罪は免れないだろうと自ら出頭して、罪を乞いました。官（藩）はその義烈を賞して贖罪をもって宥（ゆる）したが、命は奉ぜられずして、嘉惣治は橋野村の荻の洞で斬られました。延宝甲寅十一月三日、享年三十二。後に小祠を建てて、村をあげて祀っています。現在まで途絶えたことがありません。これより先、嘉惣治が獄中にいる時に同村の小屋野三十郎は自ら党の魁と称し、出でて同罪を乞い、同所において斬罪。（以下略）このあとは、岡谷家の系譜にもどります。

同所三十三頁から三十四頁にかけては、釜石市橋野町荻の洞の義人碑の写真を掲載して五十年忌の碑や記録がないことから、義人碑裏の墓石は五十年忌法要をした記念に建立したと花石氏は説いています。

安永二年（一七七三）の百年忌は秀井慈泉の主導で行われ、文政六年（一八二三）の百五十年忌、昭和二年（一九二七）の二百五十年忌、昭和三十九年の三百年記念祭を開催したことを紹介しています。橋野町横内在住の小笠原幸雄氏から、平成二十六年（二〇一四）三百五十年記念祭の手拭いをくださいました。日付は十一月三日になっています。五十年ごとの記念祭は続けられているわけです。三メートルを超える義人碑の裏面には、事件の経緯と碑建立への寄付者名が記されて言います。義人碑に向かって後方にある墓碑を紹介しています。

延宝甲寅年　道庵良通信士　十一月三日　古里嘉惣治　二十四（数文字判読不能）

延宝刀寅年　心公良印禅定門（数文字判読不能）三日　小屋野十三郎　五十（数文字判読不能）と刻まれている。「刀」は「甲」の異字体と考えています。

事件の概略は、知行主鶏冠井助左衛門が知行地の橋野村への苛政に、肝煎の古里の嘉惣治が藩に訴え出て、苛政は止んだものの、訴人となった嘉惣治は地元で斬罪になったということです。『系譜略』では前述の通り、嘉惣治の享年を三十二歳とし、二十四歳ではありません。確かに延宝二年の干支は甲寅で間違いありません。盛岡藩家老席日記『雑書』には、延宝三年に記事があるので一年のずれが生じるのはなぜかと『釜石市誌』、『閉伊の木食慈泉と祖睛』などは、疑問を呈しています。

花石氏は罪人の墓碑はすぐに建立することは憚られたであろうから、ほとぼりが冷めた五十年忌を記念して建立されたと推定していますが、そんなことがあるでしょうか。

郷土史家の德田健治氏の案内で現地を訪れました。自然石に浅い彫りで墓碑銘が刻まれていて、刻面の成形がほぼないために、判読はしにくい状態です。現状では、延宝甲寅年道庵良通信士　十一月三日　古里嘉惣治　二十四歳と、延宝甲寅年　心公良印禅定門　十一月三日卒　小屋野十三郎　五十四歳と読み取れます。

十三郎（じゅうざぶろう）の年齢ですが、五十までは石面が盛り上がり、その下は石が欠けた様に凹みますが、クリーニング後に片栗粉をすり込んでみますと、横二本と縦に四本微かに見えますから、数字でありますから、四以外はありません。歳の小の部分や、戈の部分は見えますので、歳であることが、何とかわかります。平と見えた文字も写真を大きくしてみると、卒であることがわかりました。十三郎が年上だということもあるでしょうが、信士、禅定門、居士の順を踏まえての戒名でしょうから、在家ながら、十三郎のほうが仏教に帰依していた度合いが深かったのでしょう。だからこそ十一月三日の命日の後に、卒すと敬意を込めているように感じました。

自然石ながら、嘉惣治の墓石より、十三郎の墓石のほうが大きいのはそのせいかもしれません。

（二）釜石市教育委員会掲示板　「橋野村を救った義人　古里嘉惣治　小屋野　十三郎」

全体の説明に大きな誤りはないのでしょうが、直訴のために北上川を泳いで渡るために高地にある古里の自宅から下りてきて、橋野川で水練をしたという部分は気になります。明治橋付近にあった舟橋を渡って、惣門を通過して城下に入ることがそんなに困難だったということでしょうか。北上川をどこからどこへ泳いで渡ったと言うのでしょうか。城下に入ることが、それほど難しかったとは考えにくいのですが。

直訴は嘉惣治一人で行って、同行した十三郎は結果を村民に伝える役を担っていたという部分ですが、十三郎は紫波郡の乙部村まで戻ってきて、嘉惣治だけに罪を負わせるのは忍びないと盛岡に戻って同罪を求めたというところも気になります。結果が伝えられなくなります。この結果というのは、直訴が受理されるかどうかということを指したのではないでしょうか。詮議には時間がかかります。判決と申渡しはすぐには出来ないはずです。もともと直訴結果をすぐに村に直接伝えることは出来なかったはずです。繰り返しになりますが、直訴を受理してもらえたかどうかを見届け役だったと考えられます。直訴が受け付けられずに、入牢だけ申しつけられるようであれば、村に帰って乙名衆と相談して、場合によっては、第二陣として自分が訴人になることも考えていたのではないでしょうか。訴えを受け付けてもらったので、嘉惣治のみに直訴の罪を着せてはいけないと考えて同罪を望んだというのが真相ではないかと思います。ここでも二十四歳と五十四歳と記されています。肝煎が嘉惣治で、乙名として、肝煎経験者であったかも知れない十三郎は嘉惣治を補佐する立場だったのでしょう。地元では鶏冠井助左衛門は切腹を命じられ、家禄没収となったと記録され、伝承されていますが、切腹ではなく、収録（解雇）となり、父子ともに申し渡し日に即刻、領外追放という処分でした。ここが事実と異なります。

釜石市教育委員会の掲示板

義人碑・墓石の向かいの表示板

（三）墓石は斬罪後すぐに建立

花石氏は当地方（おそらく三閉伊通をさす）では延宝年間の墓碑は極めて稀少であることから、斬罪直後の供養塔建立を否定して、五十年忌の法要を機会に墓碑は建立されたと考えていますが、私は処刑直後に建立したと思います。

盛岡領内では、地方の小領主たちは近世大名になった二十六代の南部信直に臣従して先祖伝来の領地を知行地として本領安堵されます。さらに二十七代利直、二十八代重直の治世下に社会が安定してくると、五百石どどの藩士は、本領の知行所内に菩提寺（氏寺）を開基あるいは、再興しています。藩政が軌道に乗り始め、戦がなくなったからでしょう。知行所に菩提寺を持つことは中流藩士の家柄の地位を示す格好のものとなりました。小本氏の岩泉町小本の蓮生山宗得寺、中里氏の岩泉町中里の赤岩山正徳寺、岩泉町岩泉の洞澤山雲岩寺、大釜氏の滝沢市大釜の岩鷲山東林寺、川口氏の岩手町川口の柏樹山明圓寺、内堀氏の花巻市石鳥谷町新堀の稲荷山新仙寺などがその例です。

そして盛岡領内では、元禄の頃から地方の有力者たちは先祖供養碑や父祖の墓碑を建立するようになります。延宝、天和、貞享、元禄と改元され続きますが、延宝と元禄の間はわずか八年しかありません。村の苦境を救って命を捧げた義人の墓碑を建てることが、憚られたとしても、感謝して、その功績を顕彰し、供養したい気持ちはとめられなかったと考えるのが自然で、延宝年間（一六七三から一六八一まで）に建立した墓碑とみても無理はないと思います。五十年後ならばその建立年の年紀も刻むはずです。延宝二年（一六七四）銘だけで済まさず五十年忌の建立年も記すでしょう。素直に考えれば五十年忌はなかった。慈泉主催で百回忌を執行したのが始まりで、顕彰の思が薄れてきたのを危惧してここから五十年毎の法要をするように啓蒙したと考えればいいのではないでしょうか。

貨幣経済の浸透から知行所の課税を重くする知行主が多くなり、苛烈を極める支配が続くと、悪政を藩へ訴える村々が増加します。藩は不手際がある、不届きだと知行主から知行地を取り上げ、藩の直轄地（蔵入地）とします。その代わりにもとの知行主は相当石高分の俸禄米を支給するという方法がとられました。これは、解決手段の一つで、よく行われた方法です。そうれば、藩が決めた税や税額だけで、知行主がこの藩の決めた基準を超える徴税する分がなくなるので、訴えた村人側の負担が減り、暴政をとめたいという目的も達成されるわけです。

嘉惣治の直訴によって、橋野村の村人たちは全面的ではなかったにしろ、確実に改善の方向に向かい救済されたわけですから感謝しているわけです。村人たちを救済するために命を差し出した嘉惣治や十三郎の墓碑をすぐに建立して供養したいという思いは、強かったに違いありません。五十年忌法要に合わせて建立したと考えることはかえって無理があるように思えます。

嘉惣治の子孫である岡谷家に伝わる『系譜畧』や、地元に口伝されている内容と全く違った記述が、『雑書』にあります。改めてその部分を見てみます。延宝三年八月廿三日の記事です。

（四）盛岡藩家老席日記『雑書』に見える事件

嘉惣治の斬罪は延宝二年（一六七四）十一月三日なのに、なぜ延宝三年の記載となっているのかについても検討してみます。

延宝三年（一六七五）八月廿三日条には、巳ノ刻より雨降り。当番の家老が櫻庭兵助だと記されています。一つ目の記事は鍛冶弐拾八人の頭梁に二名を任命した記事です。二つ目に鶏冠井氏の知行地の一つであった橋野村についての件が記されています。

寛文九年（一六六九）に現在の北海道にあたる蝦夷地の松前藩領でアイヌが蜂起しました。松前藩が苦戦するようであれば、弘前藩と盛岡藩は松前藩の支援のため蝦夷地へ出陣するように幕府から命令が出ました。盛岡藩は出陣に備えて、情報収集や偵察、武器の準備などが必要となり、その費用を藩士たちに負担させたのです。ところが鶏冠井助左衛門は手持ちが不如意で、知行地橋野村の百姓たちに税の一種である物成の分で差し引くからと村人から借金をして、藩への協力金にあてました。その借金を約束通りにその年のうちに返済しなかったばかりか、定められていた労役以外の労役を命じたりしたので、村の生業の妨げとなり、百姓たちは大いに迷惑を蒙っていたとあります。アイヌ蜂起から、この延宝三年までは七年が経過しています。

当夏（延宝三年の）に橋野村の百姓たちが目安に訴状を提出してきたので、度々双方を僉議してきたところ、助左衛門の非議がはっきりしたとあります。さらに橋野村の本肝煎嘉惣次（『雑書』のカソウジの表記は嘉惣次であるが、以降便宜上嘉惣治に統一）の押領

古里の嘉惣治の墓石右奥カ　と　義人桜の根元

古里の義人桜の根元　古里の御神楽杉の稲荷小祠

のことが露見したので、助左衛門親子に御暇を遣わす（解雇する・盛岡藩士でなくなる）ことになり、会所に助左衛門の子の勘右衛門を召し寄せて、その覚え（通達）を申し渡したとあります。度々双方を僉議したとありますから、問題が幾つかあって、複雑化していて簡単には裁決がくだせなかったということなのでしょう。

嘉惣治の横領とは何を指すのかは、具体的に記されてはいません。本肝煎とありますから、若いですが村政の中心人物であったことがわかります。次に鶏冠井助左衛門父子の追放理由が列記されています。

第一は、寛文九年に蝦夷地の松前におけるアイヌ蜂起に対して幕命によって盛岡藩は出陣の準備をした際に、藩は藩士にその費用を負担させましたが、助左衛門は手元不如意だったので、その費用を知行地の橋野村の百姓たちに借金をして拠出しました。その年の暮れに物成金で差し引いて返却すると約束しておきながら、それを反故にして、物成金では差し引かなかったうえに、借金を返済しないままにしていた。ようやく一、二年が過ぎてから小物成金にて差し引いたので、村の百姓たちは大いに迷惑していると申し出てきた。約束の通り、その年の暮れの物成金で差し引くべきだったのに、一切申し訳が立たない不調法であると指摘しています。

第二は、橋野村肝煎の嘉惣治と言う者は万事押領した大科人なので御前（殿様や家老の評議の場）へ申し上げて、成敗（斬罪）の裁下があったのに、成敗は申しつけないで、お詫びを申し上げる者があるというので、内々に過分の科金（罪を許してもらうために金銭を差し出すこと・それも法外の金額だった）を橋野村の百姓どもに負担させておきながら

延宝三乙卯歳
雑書表紙

鶏冠井事件記述部分

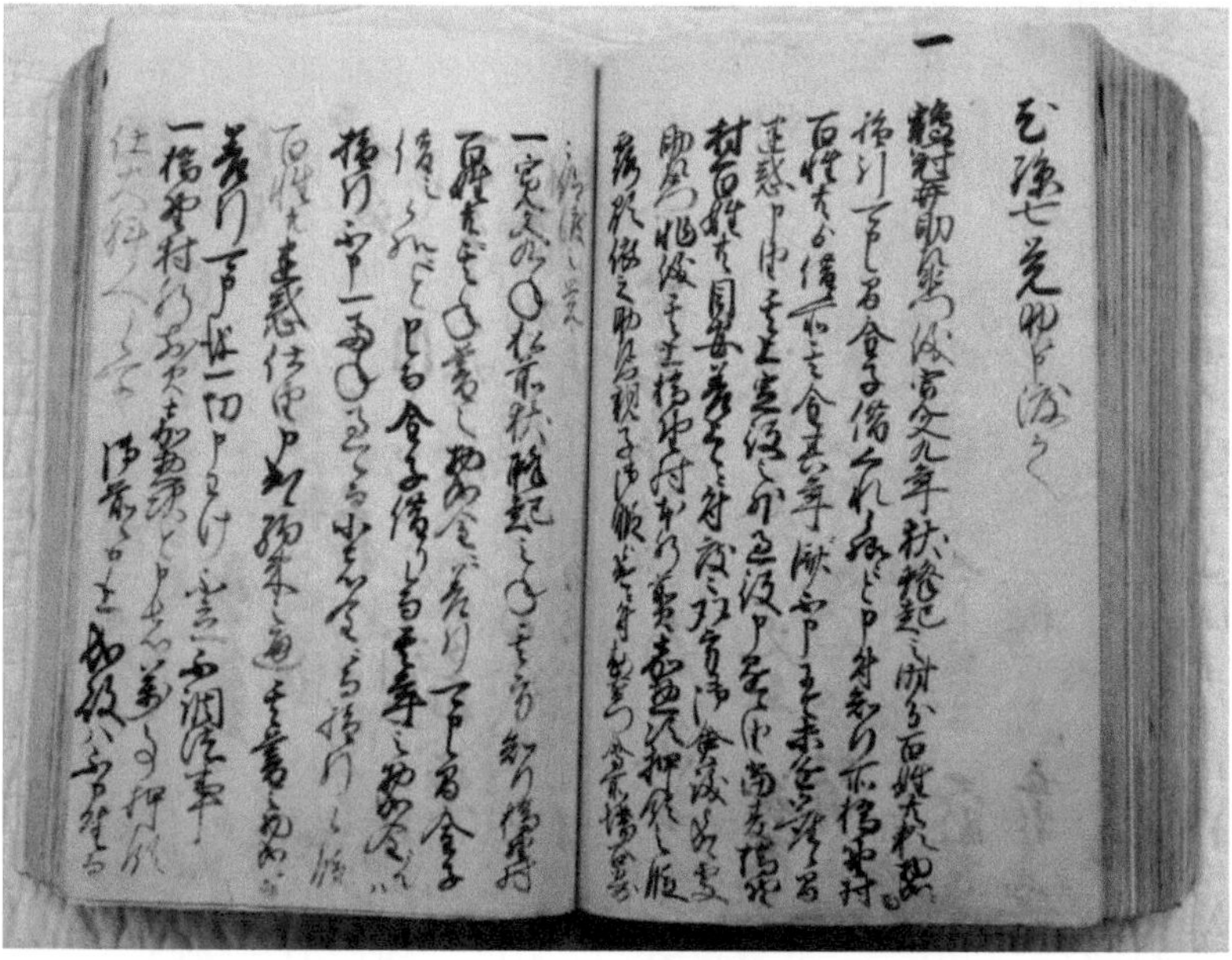

藩には隠していた。本来ならば、嘉惣治は僉議によって大科人と判明して成敗を仰せ付けられた。斬罪の悪人を内々に贖罪にしていたことと、百姓どもから集めた科金を返していないことと、二重に不調法であると指弾しています。

第三に、領内の山野の木々はあくまでも藩の所有です。知行所とて例外ではありませんでした。知行主だからといって藩の許可なく樹木を伐採することは許されていないのに勝手に檜や槻木(欅のこと)を伐ったことも、不調法であると重ねて厳しく叱責されています。現在、杉はよく見かけますが、檜や欅はあまり見られません。おそらくこの木材の売り払い代金も鶏冠井助左衛門が自分の懐に入れていたと言うことになります。いくら盛岡城下から離れている知行地とは言え、大槌代官所の目もあるのに、大胆な行動と言えます。これは、藩の指摘の通りで、寺社の修理や再建、船の修理や造船も藩の許可が下りてからでなければ伐採して利用することはできませんでした。木一本、首一本と言われるほどで、隠れて他領に木材を切り出して売却したことが露見すると、斬首となる例は、秋田領に近かった沢内通ではよく摘発されていたことが『雑書』には記録されています。

第四に、橋野村の石高百三石余りでは、小者三人を提供する割り当て相当の村なのに、五人だと勝手に増員して、代人料として金子で納めさせ、一人分は三両が規定ですから、追加した二人分を含め、金十五両を徴収して九両は藩に納め、鶏冠井が二人分の六両を着服していたということでしょう。村人が困窮迷惑していたのは当然のことです。改めて藩は小者三人を申しつけで、鶏冠井がしたことは兎に角、不調法であると厳しく指摘しています。村人に対しても不正ですし、多い二人分の金銭は自分の懐に入れて、藩をも騙しているわけです。

第五に、助左衛門は、橋野村の場所は海岸からの飛脚継ぎの要所であるので、百姓どもには、常々配慮して知行していると藩に報告しておきながら、実態は一切の配慮はなく、逆に百姓たちに過重な負担をかけていたことがわかり、村人へもひどい仕打ちをしていますから、藩政をなめきっている不届きな所業と言えます。当時、街道筋の村々には「一里御用状」と呼ばれた書状の入った箱を、約四キロメートルにあたる一里先の次の所定の場所まで走って運ぶ飛脚のような労役がありました。それを担う者は農作業など自由に出来ないまま、待機していなければならないため、拘束される時間が多くなります。これもかなりの負担でした。

義人桜のすぐ後の墓石が最古カ

第六に、去年（延宝二年）は不作だったので、百姓どもに銭を配って、暮らし向きを助けたと、藩に報告しておきながら、実際は、利息を免除しただけで、嘉惣治の厥所（家屋敷、田畑などの財産没収）分を売却して、その代金を配る程度のことしかしていなかったのに、虚偽の報告していたことも重ねて不調法であると藩は厳しく言い立てます。

（五）事件の真相

ここにヒントがあると思いました。嘉惣治の処刑は一体いつ行われたのでしょうか。斬罪と嘉惣治本人分の厥所は延宝二年に行われ、その後、事情を藩が詳しく調べた結果、知行主鶏冠井助左衛門の橋野村への悪政と藩を様々に謀っていて不調法であったことが発覚して、鶏冠井親子は御暇（解雇処分）になり、町奉行が言い渡し後に横目（監視役）、に付き添われ、その日のうちに出立するように命じられ、藩境の北上市鬼柳まで二人の役人が同道して、領外追放になりました。藩の裁定が出たその時点が、翌年の延宝三年だったから、その時点での記載となったと考えれば、先人たちは嘉惣治が斬罪になった年に一年のずれがあるのはなぜかという疑問は氷解します。

整理してみますと、鶏冠井助左衛門を橋野村肝煎、古里の嘉惣治が訴え出て、斬罪になったのが、延宝二年（一六七四）。鶏冠井の悪政が白日の下にさらされて、すべてが改善されたわけではなかったので、第二陣として、左衛門二郎と善八と左吉が目安をして、牢舎を申し付けられた。三人の妻子と嘉惣治の妻子の厥所も決まり、大槌代官所にそのことを申し遣わしたことと、鶏冠井親子が改易となり、即刻、領外追放となったことが、延宝三年（一六七五）だったということです。

嘉惣治の厥所のみで、妻子の分はこの時点まで厥所になっていなかったということですから、『雑書』では、この鶏冠井の悪政を訴えたのは嘉惣治ではなく、左衛門二郎、善八と左吉の三人だと記し、小屋野十三郎のことも一切触れていません。訴えた三人も入牢を申しつけられていますから、一度目は嘉惣治と十三郎の組が訴え出た。二人が斬罪に処せられたにもかかわらず、全面解決にならなかった。そこで翌年の二度目は衛門二郎と善八と左吉の組の訴え出て、鶏冠井の苛政と悪行が明らかとなって、処罰を受けたと考えればすべて解決します。先人たちが延宝二年の事件が延宝三年に掲載されているのが不思議だとしていましたが、最終解決にいたったところに、発端のことから記しているので、勘違いをしていたということだと思います。

次のように考えれば辻褄が合います。先に藩が指摘したような小者提供の代人料のように藩への納入分以上の徴税をしていた鶏冠井親子は、自分たちの様々な横領を隠すためにその罪をすべて橋野村本肝煎の古里の嘉惣治に擦り付けて、直訴の罪と思い込ませて、橋野村に護送して鶏冠井の配下の者が藩の役人のふりをして二人を斬って、実際には、鶏冠井父子が横領着服していたことを隠し通したと言うことです。さらに藩当局からは死罪を申しつけられたのに、藩には斬罪にしたと報告しながら、村では贖罪にするとして、橋野村の人々から金銭を集めていて、実際にはその金銭も着服しようとしましたが、うまく運べず、横領の罪を嘉惣治に着せて、藩にはそのように報告して、直訴の罪だと言い含め、そう思わせ、嘉惣治とともに真相を知る十三郎も同時に急いで、斬罪にして自分たち親子の罪や真相を隠したかったのでしょう。

ところが、村の乙名衆は、二人の斬罪によっても大きな改善が見られなかったので、左衛門二郎ら三名が再度の訴えによって、鶏冠井父子の悪政が逐一わかって、罪重きと判断されて、改易、領外追放になったということでしょう。

訴えた三人は入牢の後どうなったのでしょうか。三人の妻子も財産没収である厥所になって、所払いになって橋野村を離れたのでしょうが、『雑書』はその後を語りません。嘉惣治の斬罪の後、彼の厥所はすぐのことで、嘉惣治の妻子の厥所が三人の妻子と一緒だったことから、二段階であったことに気がつきました。事件の真に近づいたように思います。

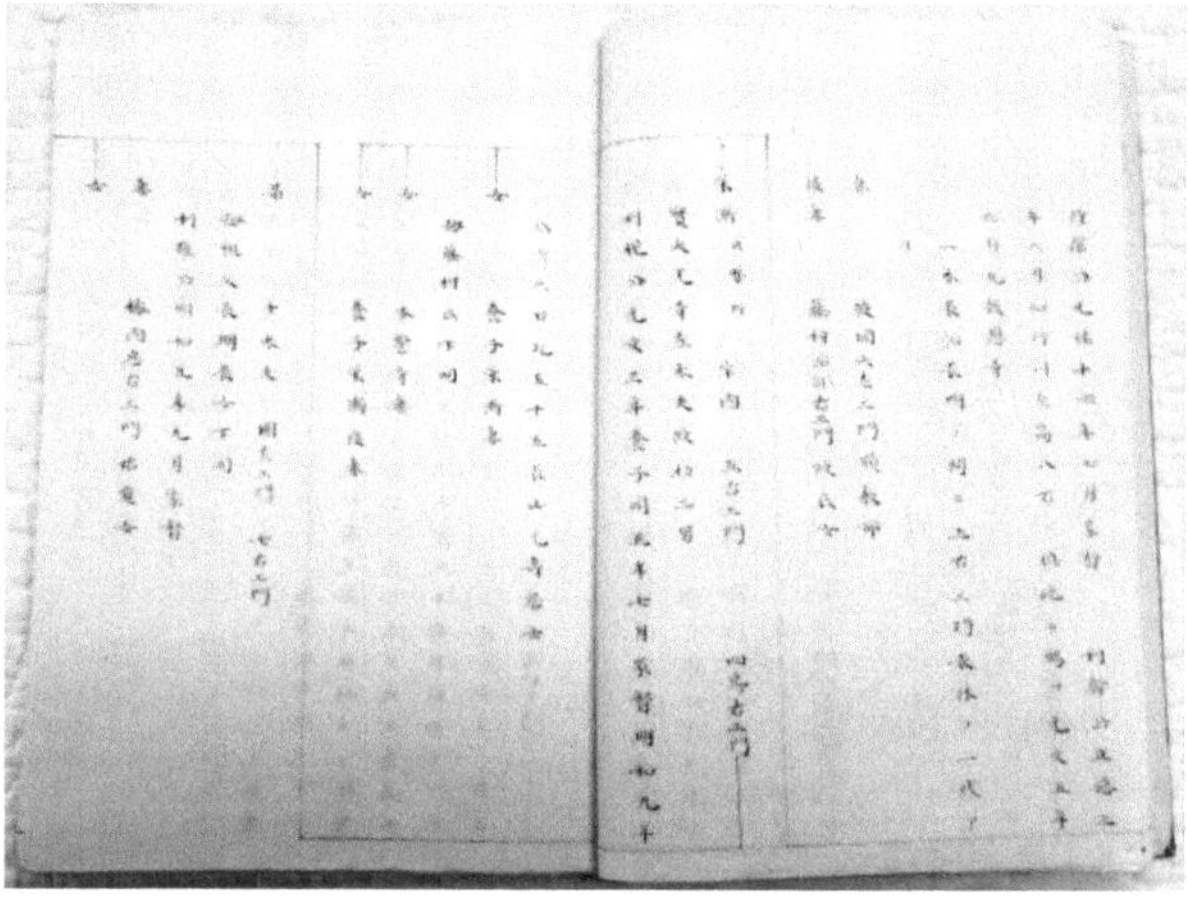

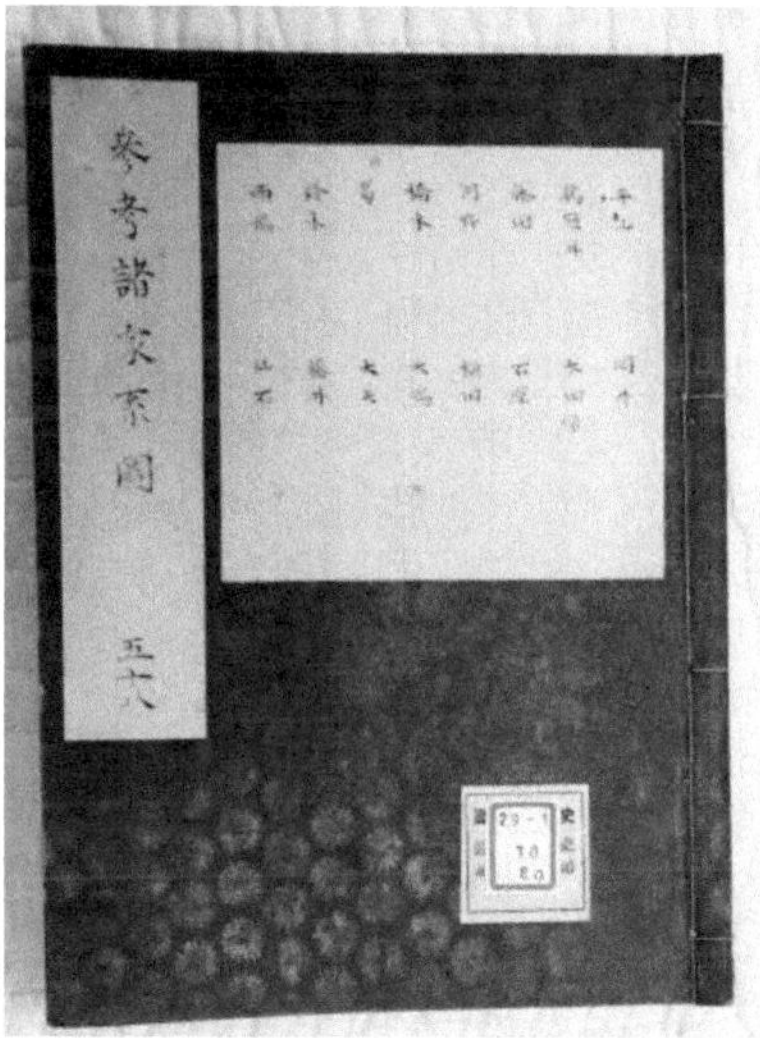

上『参考諸家系図』５８　鶏冠井氏の部分
下『参考諸家系図』５８　の表紙
もりおか歴史文化館蔵

（六）古里と小屋野

橋野村のなかの集落名で、古里の嘉惣治と小屋野の十三郎と呼ばれていたわけです。嘉惣治の本姓は『系譜畧』によれば、菊池ですが、藩に対して肝煎であっても、士分ではありませんから、正式には身分的な制約から苗字は名乗れませんので集落名で呼ばれるわけです。古里は現在の県道三十五号線から細い道を北に向かって登った高地にあります。棚田と段々畑と梅の木が目立ち、旧街道筋で、大変、水には恵まれていますが、農業だけでは、生計が成り立たず、沿岸部と内陸部の交易や、鹿などの狩猟もその助けになっていたであろうことが、現地を見てわかりました。軒先に鹿の角を沢山、乾燥している家を見かけました。小屋野は、県道沿いの橋野集落全体の中では、橋野川の上流部の左岸にありますが、現在、家屋が一軒もありませんが集落でした。

古里の御神楽杉より、一段下の西南に嘉惣治の墓所があります。そのすぐ下は、鞭牛和尚が林宗寺へ通じる道を開削した道があります。郷土史家の德田健治氏がしみじみと語っていました。「鞭牛の道路開削はここ古里に始まり、吉里吉里坂の難工事で終わる。」いかに道の開削が人や物の交流に大事であったか、改めて、その偉業を実感させられました。

先述のように横領の罪を嘉惣治に着せることに成功し、藩からは嘉惣治を斬罪に処すよう命じられたのに、鶏冠井助左衛門は、橋野村の村人たちが助命嘆願したい思いをくみとるように贖罪にして、藩には斬罪にしたと報告すると、嘉惣治を助命して、彼や村人に恩を着せ、贖罪とした科料は自分が着服し、横領の罪で斬罪は地元で済ませましたと藩に虚偽の報告をしておけば、自分の罪は隠せて、科料は着服できて、村人には慈悲を見せたことになるはずだったのに、三人の訴えによって、悪事を重ねていたことが藩にすべてばれる前に横領などしていない嘉惣治とその事実を知っていた十三郎を急いで横領の罪で処刑せよとの藩からの命令を利用して、直訴の罪で処罰されると村人たちに思わせて斬罪に処したということが真相ではなかったかと考えます。贖罪とするための金銭を集めていて返さなかったことも藩は知り、藩命を軽んじていたことまで発覚しています。重ねて不届きだと責められ、慌てて嘉惣治を橋野村に護送して斬罪にしたのでしょう。

古里の嘉惣治墓の下の林宗寺への道

それが『系譜略』に記されたように、藩は一旦、助けると命じたのに、なぜか命令の通りにはならずに、斬罪になってしまって、不可解だと記されているように橋野村の村人たちにも納得できない仕置きだったに違いありません。

大事なことですが、嘉惣治が死罪になった理由は直訴の罪ではなくて、横領の罪だったわけです。私は、鶏冠井の犯した数々の横領の罪を嘉惣治に着せて、そのことを知られることになる十三郎まで直訴の罪だと本人たちや村人らに認識させて、鶏冠井が斬罪に処したのだろうと考えています。

（六）花石公夫氏の説に対して

小屋野は橋野川左岸の集落の中では一番上流に位置していました。二人が斬罪になった荻の洞は古地図には鬼の洞とあり、「おぎ」ではなく、「おに」だったようです。花石氏は前掲書で、嘉惣治は直訴で、三人は目安であったと解説していて、幕府に直訴が知られると藩が咎めを受けるので隠蔽、糊塗したのだとしています。また小屋野三十郎は集落の端に居住していて、非人の身分で、小屋に住んでいたと考えています。身分が低かったので藩の公式記録には氏名が記載されなかったのだろうと推定しています。

村を代表する訴人が、身分制の厳しい幕藩体制下にあって、穢多や非人だったなどと言うことがあり得るでしょうか。嘉惣治が肝煎だったように、肝煎経験者であり、肝煎を補佐し、助言をする乙名（年寄・老名・おとな）だったと考える方が嘉惣治より年配で、墓碑銘の五十四歳という年齢からしても、そう考えたほうが自然だと思います。だからこそ百姓たちの代表になれたのです。村を代表する気概がある訴人が穢多や非人であるというのはいささか唐突な気がしますし、当時の身分制からして、穢多、非人層が直訴することはあり得ないと思います。

花石氏は、盛岡藩は幕府を憚って事件内容を隠蔽する必要があったので、万事横領などとして詳しく『雑書』に記載されなかったと推察していますが、『雑書』は結果だけを簡略に書くことが多く、公事の詳細については奉行所などが残した別の書留があれば事足りるわけで、事件全体をすべて書き残す必要はないわけです。結果だけで良いわけです。通読しますと『雑書』は重直、重信、行信の代のころの記事は詳しい方で、年代が下ると内容も形骸化して詳しいことはもっとわからなくなります。

加えて藩主は領内の支配に関して、領民への生殺与奪の権利を幕府から認められているのであり、幕府への遠慮や隠蔽、あるいは糊塗という指摘はあたりません。大規模な武装蜂起を起こしたわけではないのです。

この延宝二年（一六七四）と翌三年は、八戸藩にとって二年続きの不作で藩士の俸給を支払えない状態にありました。初代藩主直房夫人で、二代藩主生母霊松院と二代藩主の直政、家老中里弥次右衛門や勘定方諸士からの度重なる要請によって盛岡藩は八戸藩に金子を用立て（借金の申し込みに対応）ています。一時しのぎをしなければならないほど困窮していました。同じ『雑書』の記事です。ですから、度重なる悪政に、不作が重なって、この年に知行主の悪政を訴える状況にあったことは充分にわかります。

重信と世継ぎの行信は、五代将軍綱吉による度重なる生類憐れみの令が出ているのに、領内での狩りをやめずに、むしろ積極的に行っています。鉄砲を使う場合は隠語の「錆」（さび）と表現していますし、何度も記載されています。

当時御側衆から御側御用人（側用人）として重用されていた八戸藩主南部直政は任期中に江戸藩邸への食材となる魚介類の搬入を許さず、調理も禁止しました。江戸で飼えなくなった犬を六十四ほど国元の八戸まで移動させています。徹底して生類憐れみの令を遵守しているのとは対照的に、重信と行信の親子は帰国すれば、西郊の前潟など厨川方面では水鳥、北郊の松屋敷では鹿、東郊の川目では猪などの狩猟を楽しんでいます。将軍や幕府に対して、遠慮など微塵も感じません。生類憐れみの令など、どこ吹く風といった感じです。それほど自領の支配に関しては領主の裁量が認められていたわけです。

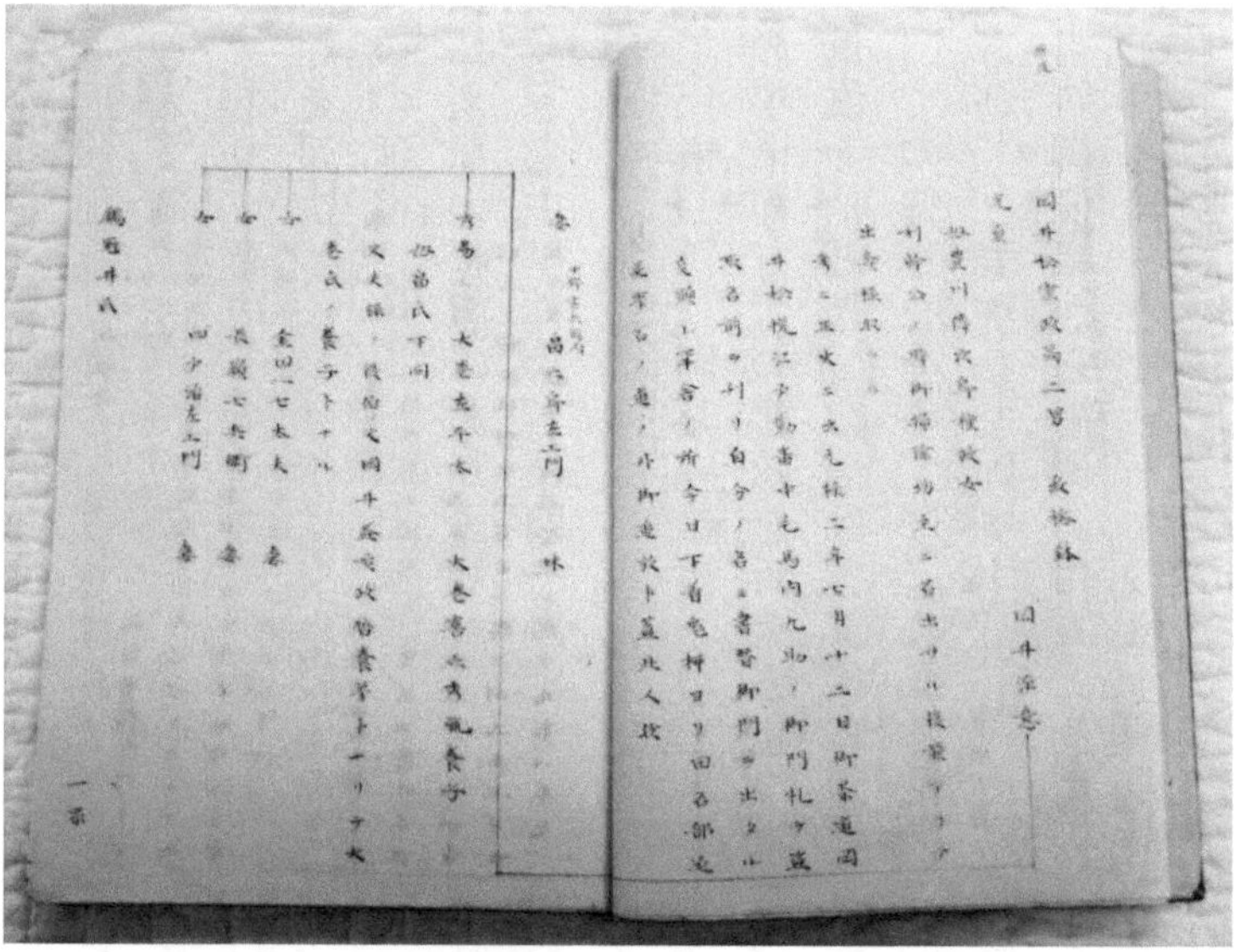

参考諸家系図　鶏冠井氏　部分

事件時の藩主　南部重信像　もりおか歴史文化館蔵

（七）橋野村の知行主鶏冠井氏

『南部藩参考諸家系図』（以下『諸家系図』）五十八に二百石、鶏冠井右内家が載っています。姓は源氏、紋は根笹。鶏冠井勘右衛門、先祖本国山城西岡鶏冠井の人なり。以て氏となす。勘右衛門、丹波に生る。谷出羽守に仕えて知行二百石を領す。その子は長政、政一、作正、四郎右衛門、四郎兵衛。丹波に生る。後、江戸に住す。とあります。

現在の京都府向日市鶏冠井町（かいでちょう）を拠点とした氏族で、谷出羽守こと谷衛友（たにもりとも）に仕えていたと言うことでしょう。この人物は美濃の守護代斎藤氏の家臣から天下統一を狙う尾張の織田信長の家臣となり、信長傘下の有力大名、羽柴秀吉の与力となり、播磨国三木合戦で父衛好が討死にした際に、初陣ながら父の仇を討ち取った人物で秀吉から丹波国何鹿郡山家（たんばのくに・いかるがぐん・やまが）で一万六千石を拝領して、秀吉のかかわった戦には必ず参戦して、その勇猛さを褒められています。数々の武功を立て天正十六年（一五八八）に従五位下、出羽守に叙位任官しています。関ヶ原の戦いでは東軍徳川方に与する細川幽斎の守る現舞鶴市にあった田辺城を西軍石田方の一員として攻撃しながら城内と内通して空砲を撃つなどしていたことが認められ、江戸幕府になってからも近世大名として生き残った家柄です。

この攻防戦は、後陽成天皇の仲裁で休戦となった戦いです。実は攻撃を受けて、城を守る細川藤孝（雅号幽斎）は当代きっての文化人で、古今伝授の伝承者でした。個人から個人への口伝えの秘伝中の秘伝ですから、これが途絶えることを天皇も憂い、動いたと言うことです。谷衛友の居城は京都府綾部市広瀬町にあった山家城（やまがじょう）でした。この人物に仕えていて、何か故あって牢人して江戸で暮らしていたところを二十八代南部家当主で藩主重直から慶安年中に盛岡藩に召し抱えられたというわけです。事件のころは二十九代当主となった重直の弟南部重信が藩主でした。重直は地元の家臣をやめさせて、江戸で旗本の推薦を受けて、新規召し抱えを多く行った藩主です。

九戸郡山内村、二戸郡浄法寺村、三戸郡白坂村に二百石を賜ったと、同二年十月十九日付御證文がある。後に替え地を賜った。延宝八年に死去。妻は安田五兵衛の女でした。その子長治、長武、助左衛門、四郎右衛門は母が安田氏、重信公の延宝八年六月に家督を継いで、元禄十四年に死去した。妻は藤村清左衛門政慶の女でした。その子長明、長勝、長休、五右衛門、七右衛門は母が藤村氏、行信公の元禄十四年七月に家督を継いで、利幹公の正徳三年六月に知行地に川欠があって高八石の換地（不足分を補う知行地）を賜り、元文五年六月に死去し、菩提寺は報恩寺。一本に長治と長明の間に五右衛門長休の一代あり。妻は、浪岡六左衛門顕教の姉で、後妻が藤村治部右衛門政氏の女であった。その子栄漸或いは、繋軒、宇内、五右衛門、四郎右衛門。実は大光寺左太夫政杓の二男で、利視公の元文三年に養子となり、同五年七月に家督を継いだ。明和九年八月六日に死去。享年五十五、戒名は長山元壽居士。長明の女は養子栄漸の妻となる。母は藤村氏、下同。この女の死後長明の女の養子栄漸後妻となった。その子十太夫、円左衛門、七右衛門。母の祖父の長明の長女、下同。利雄公の明和九年九月家督を継いだ。妻は梅内忠右衛門祐員の女と見えます。

鶏冠井四郎兵衛長政の弟に鶏冠井長宗助左衛門がいて、浪人にて丹波亀山に住んでいたとあります。事件のあった延宝二年や延宝三年の鶏冠井家当主は四郎兵衛長政となり、山内村、浄法寺村、白坂村で知行二百石を給されています。すべて現在の岩手県北で、替え地を賜わった際の新しい村の記述はありませんが、そのなかに橋野村が入っていたのでしょう。

当人は、延宝八年（一六八〇）に死去しており、『雑書』にある助左衛門は、事件当時、の当主の弟で、浪人にての部分をまだ仕官はしていない部屋住みだったものを、兄親子の追放によって家名を継いだとも読めます。勘右衛門は、当主の父親の名前であり、すんなりとは一致しません。一族の不名誉なことですから、そのまま系図に記したとは考えられませんから一致しないのが当然です。

『雑書』延宝三年八月廿四日条に、領外追放となった鶏冠井助左衛門の家屋敷が田鏤八右衛門に下げ渡され、田鏤（たくさり）の家屋敷は洪水の際に浸水したと届け出があったからとあり、その田鏤の元屋敷は刈屋八兵衛に下げ渡し、八兵衛の本屋敷は刈屋五兵衛に下げ渡すように仰せがあって、そのように申し渡されています。

廿六日になって鶏冠井四郎右衛門は会所に呼びだされ、兄助左衛門と甥勘右衛門は御暇（解雇）を仰せつかったが、おまえも御暇でもよいし、奉公する気があるのであれば、奉公しても構わないと、藩から丁寧な仰せを受けて、有り難く思い、兄と甥の罪をお詫びして、ご奉公（盛岡藩への勤務）することとなったと記しています。この四郎右衛門の子孫が『諸家系図』にある二百石の鶏冠井右内家になるわけです。

『諸家系図』には、『系譜畧』にあるように死を賜って、家禄を没収されたという記述は、ありません。また当然ながら改易、領外追放になったことも記されていません。自分の家に都合の悪い、家名に関わる汚点は隠すわけです。藩への提出書類には通常は隠して書き上げませんから編纂物では、こうなるのが自然です。鶏冠井氏の菩提寺は、盛岡の報恩寺で、利雄公の明和年間までは確実に存在しているわけですから、別系となっても盛岡藩士鶏冠井氏は存続したわけです。結果からすると鶏冠井氏の知行地だった橋野村は当主が罰せられ、召し放し、追放になり、別の誰かの知行地になったのではなく、藩の直轄地になったと考えられます。地元では、鶏冠井は切腹、改易と伝わりますが、藩の記録では改易、領外追放です。切腹ではありません。

喧嘩両成敗のように嘉惣治たちだけが、死罪になって、鶏冠井が改易追放では、橋野村の人々は到底、納得できない状態にあることを知っていた大槌通代官所は、切腹改易と伝えておいたのではないでしょうか。そのため、このような言い伝えになったのでしょう。

五　厨子入不動明王立像

（一）大聖不動尊像（由来書）　二三七㎜×六六〇㎜

三日月神社の本尊である不動明王立像の請来について由来について書いたのが仏眼祖睛です。我が身を見る者は菩提心を発し、我が名を聞けば惑いを断って善を修め、我が説法を聴く者は大きな智慧を得て、我が心を知る者は即身成仏できる。仏神が隠れたり、顕れたりするのは、月印の如く、水有れば即ち顕われ、水無くば即ち隠れる。ただ水無きを恐れるのみ。と書き出します。この本尊が三日月山に降臨した由来は、常陸国の水戸城の東にある玉樹山羅漢寺と倶胝山六地蔵寺の住職を兼任している法印泰暁叟の師僧、観海上人から譲り受けたものを、仏縁によって、こちらに譲ってくださり、奉納される運びになったものです。胎内に種品を宿した世に希な尊像です。開眼の導師は羅漢寺開山で、大般若経を金字と黒字で各六百巻浄写された恵忍観海木食敕上人が直に玉毫を染めて、本尊の火焔の裏に悉く書き記しておかれました。機会と人のご縁が結ばれたお導きによってこちらに伝わることになりました。

岩間氏三世の孫、法名（大道）良安は、名前こそ残っていても樹木がまばらな程度に衰微していた三日月山の再興の志を立てたものの本尊が無いことを憂い悩んでいた。（当初の三日月神社は全国にも例があるように月読命をお祀りしていたのであろう）協力してくれる友であった古繭山主慈泉（観流庵秀井慈泉）と杉森社主人浄圓（生井沢に住む山口清祐浄圓）が、大道良安の思いを羅漢寺と六地蔵寺兼務住職で観海上人の後継者泰暁師に伝えてくれたので、三日月山に不動明王立像を招来して安置することが出来ました。これも偏に（大道）良安の再興への思いが実ったからだと記しています。

安置の導師は、津軽石の龍谷山瑞雲寺十二世で大本山吉祥山永平寺や諸嶽山総持寺の再住とあるので、二大総本山の住職格待遇ということなのでしょうか。輪番住職を務めたと言うことなのでしょうか。原文は前永平総持再住とあります。八十七歳となった大到見牛師と吉里吉里の前川善兵衛家や、岡谷家の菩提寺虎龍山吉祥寺の萬丈鐵山師の両師が勤めて、天明七年歳次丁未皐月吉辰に供養が満行されました。と結ばれています。この後に、東梅社開闢観旭楼獨處定齋不臥持経沙門祖睛、供養の筵に置き記し畢わる。とあります。

大槌町の中心部に会議室や図書館を持つ、多目的施設の文化交流センターの愛称になっている〔おしゃち〕は仏眼祖睛が開いた東梅社の御社地跡に因んでいます。太宰府天満宮から勧請した天神様を祀った故地です。本州の東端（東奥）に菅原道真公が好きだった梅を植えて配した天神を祀ったからの命名でしょう。朝陽が昇ってくると、太陽と大槌湾への照り返しで美しく耀く旭を眺めることが出来る楼閣（観旭楼・遠慮して柳下窓と署名することが多い）に一人住み、定められた御斎（おとき・食事）しか食さない木食戒を守り横になって寝ずに、法華経を肌身離さず誦経と、書写をしている仏眼祖睛が安置法要の場で書き記し終えましたと記しています。筵とは、褥という敷物か、机上ではなく床板という意味か、あるいはその場でということなのかも知れません。三日月神社別当の岡谷家の祖となる岩間家と大槌の古里屋佐兵衛（後の秀井慈泉）と弟の武助（後の仏眼祖睛）は、皆、古里の嘉惣治の子孫であり、その血縁であるという意識は強いわけです。

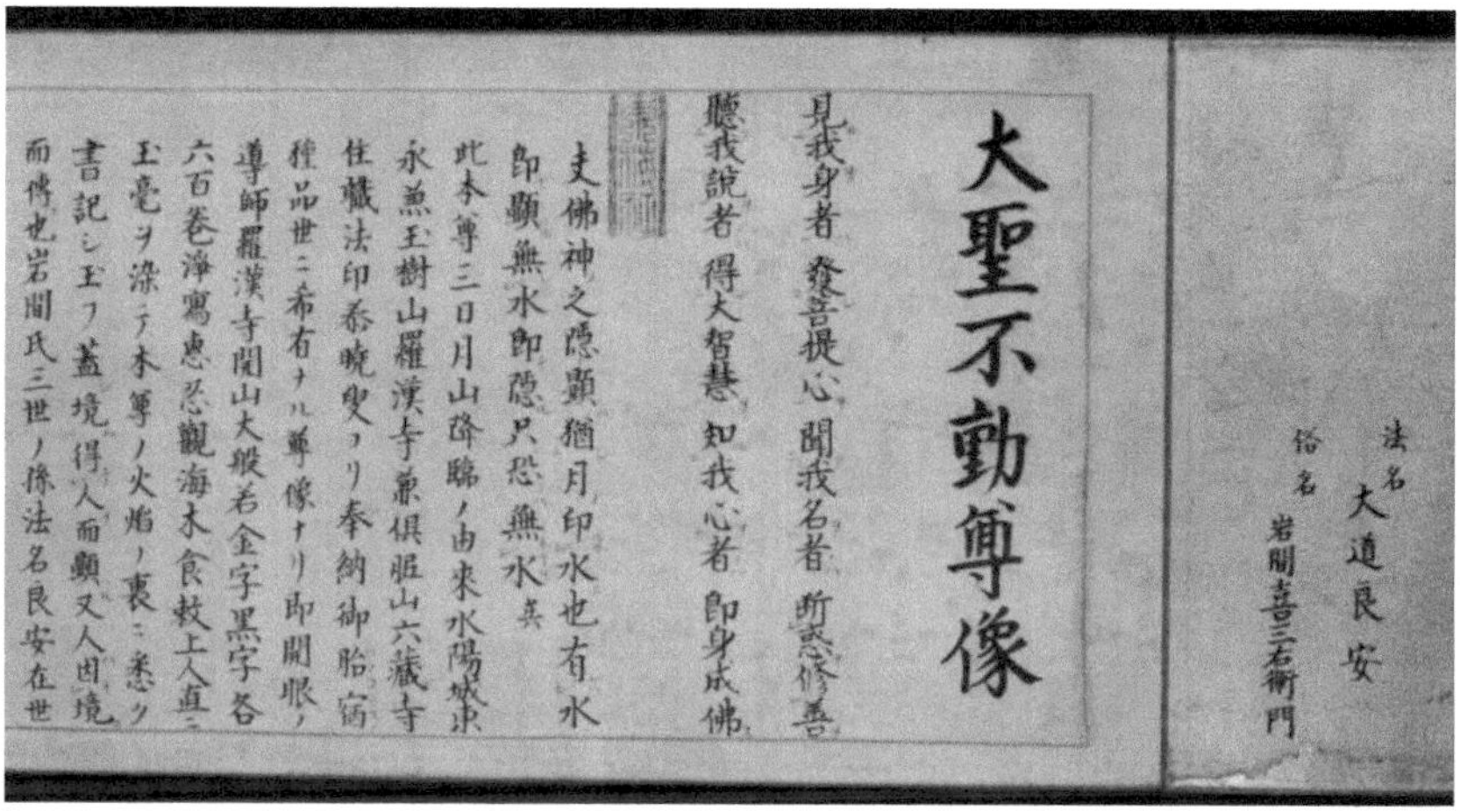
法名 大道良安
俗名 岩間喜三右衛門

大聖不動尊像

見我身者 發菩提心 聞我名者 斷惡修善
聽我說者 得大智慧 知我心者 即身成佛
夫佛神之隱顯猶月印水也有水
即顯無水即隱只恐無水矣
此本尊三日月山降臨ノ由来水陽妙泉
永兼玉樹山羅漢寺兼俱胝山六藏寺
住職法印恭暁叟ヨリ奉納御胎宿
種品世ニ希有ナル尊像ナリ即開眼ノ
導師羅漢寺開山大般若金字黒字各
六百巻浄寫恵忍觀海木食救上人直ニ
玉毫ヲ添テ本尊ノ火焔ノ裏ニ悉ク
書記シ玉フ蓋境得人而顯又人因境
而傳也岩間氏三世ノ孫法名良安在世

法名大道良安の俗名が岩間喜三右衛門とある

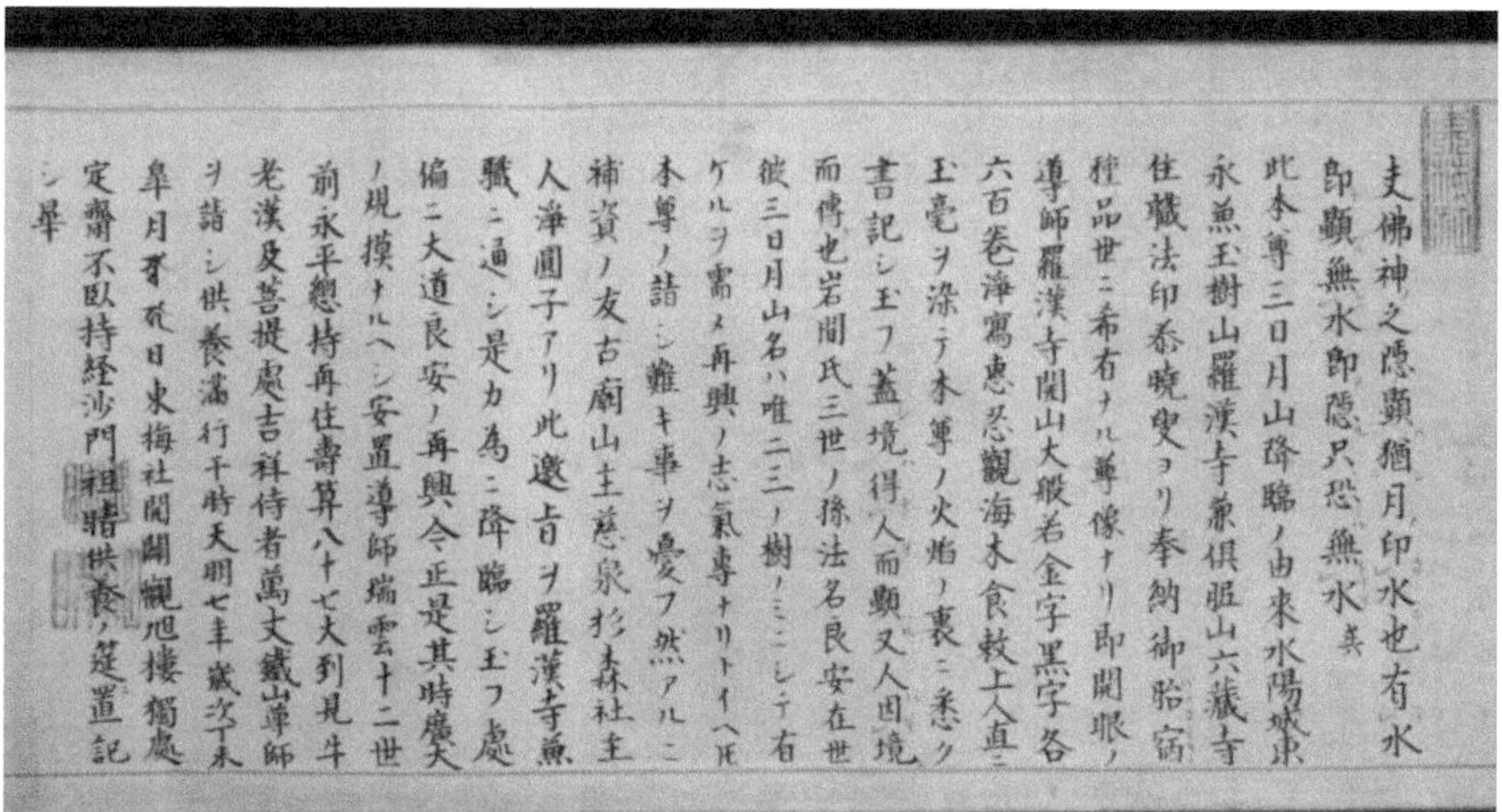
夫佛神之隱顯猶月印水也有水
即顯無水即隱只恐無水矣
此本尊三日月山降臨ノ由来水陽妙泉
永兼玉樹山羅漢寺兼俱胝山六藏寺
住職法印恭暁叟ヨリ奉納御胎宿
種品世ニ希有ナル尊像ナリ即開眼ノ
導師羅漢寺開山大般若金字黒字各
六百巻浄寫恵忍觀海木食救上人直ニ
玉毫ヲ添テ本尊ノ火焔ノ裏ニ悉ク
書記シ玉フ蓋境得人而顯又人因境
而傳也岩間氏三世ノ孫法名良安在世
彼三日月山名ハ唯ニ三ノ樹ノミニシテ有
ケルヲ需メ再興ノ志氣專ナリトイヘドモ
本尊ノ詰ニ難キ事ヲ憂フ然アルニ
補資ノ友古磨山主慈泉杉森社主
人浄圓子アリ此邀旨ヲ羅漢寺兼
職ニ通シ是カ為ニ降臨シ玉フ處
偏ニ大道良安ノ再興令正是其時應大
ノ規模ナルヘシ安置導師瑞雲十二世
前永平總持再住壽算八十七大到見牛
老漢及菩提處吉祥侍者萬丈鐵山導師
ヲ請シ供養滿行于時天明七年歳次丁未
皐月吉日東梅社閑關觀旭樓獨處
定齋不臥持経沙門祖睛供養ノ筵置記
シ畢

東梅社　佛眼　祖睛　の三印と大聖不動尊像の本文

（二）厨子銘

観音開きの厨子を開くと扉の内側に右扉には、右尊像者、永兼室大内山相承院水戸東城羅漢寺開山木食恵忍観海上人之道場仏也と刻まれ、左扉に、当時羅漢寺兼帯職俱胝山六地蔵寺文瑞泰暁法印ヨリ譲給、本尊之意趣者火形之後ニ敕上人之御直筆也とあり、外側背面には、件之本尊請来之意趣者当處ヲ三日月山ニ是迄尊像無之願主数是ヲ嘆ク然ニ古廟山秀井慈泉者敕上人之徒弟及生井杉森利記浄圓モ羅漢寺ニ在縁幸哉兼職泰暁ヨリ乞請天明七丁未五月二十八日当社ニ奉安置者也。上記分の下に一行目と二行目の間から、赤濱浦願主大道良安　五十九歳　岩間喜兵衛　三十歳　春郷（卿）と見やすい楷書で刻んでいます。観海上人が崇拝していた元々の厨子なのか、厨子のみ新調なのかわかりませんが、水戸から大槌へ移されるにあたって、陰刻したのでしょう。見事な筆跡と彫りです。

永兼室大内山相承院とは、大内山は京都の御室仁和寺の山号です。仁和寺の塔頭相承院の住職を永久的に兼ねるということですから、生涯名誉住職と考えればいいのでしょう。すでに、仁和寺内には塔頭相承院は存在していなかったわけですが、名目上存在したことに見なして、功績のあった僧侶に対して、その塔頭の住職に任命して名誉職としていたわけです。そのようなことを院室兼帯と呼んでいます。末寺を統率する格式といってもいいでしょう。水戸城の東にある玉樹山羅漢寺を開山した木食恵忍観海上人の道場安置のもので、当時、羅漢寺と俱胝山六地蔵寺の兼務住職だった文瑞泰暁法印から譲られた不動明王像です。本尊の意趣については火形（火焔光背）の後ろ（背面）勅上人（観海）の直筆で記されています。厨子背面には、件の本尊請来の意趣は、この三日月山にこれまで尊像が無くて、願主はそのことを幾度となく嘆いていました。当時は大槌の生井沢の杉森社主人の山口清祐（助）利記浄圓が羅漢寺の観海上人の下で修行中であったことと、我が家と親戚の古廟山観流庵主の秀井慈泉が同じ観海上人の弟子であったという縁が重なって、幸いにも、観海上人の後継者で、羅漢寺と六地蔵寺の兼務住職であった泰暁法印から乞い請けて、天明七丁未五月二十八日に赤濱浦の願主大道良安、五十九歳と大道良安の息子の岩間喜兵衛、三十歳。春郷（喜兵衛の号、春郷または春里・おそらく慈泉の伯里、祖睛の叔里にちなむ）が当社に安置し、奉ったものであると刻まれています。大道良安の息子の岩間喜兵衛こと春郷か記したのでしょう。釜石市『釜石市誌　史料編二』と、花石公夫『閉伊の木食　慈泉と祖睛』には、不動明王立像の光背銘について触れていませんが、木食観海直筆の銘文が刻まれていました。

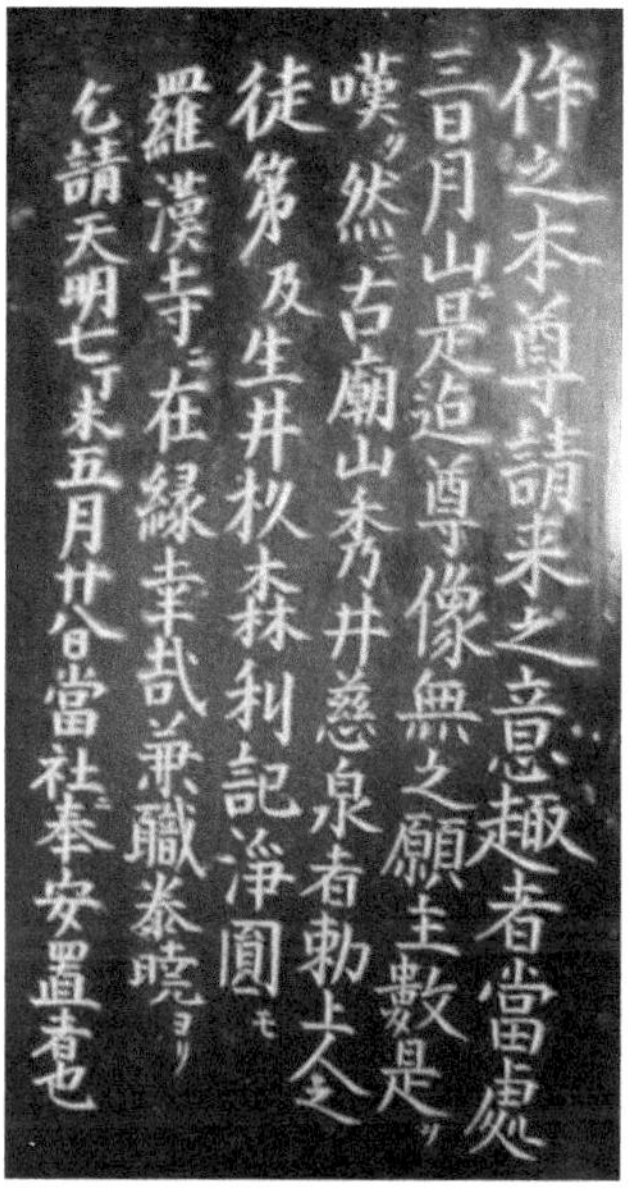

厨子背面銘　拡大と全体

（三）火焔光背銘

火焔光背の後を削って平面を作り、文字が刻み込まれています。仏果（杲）舎利二粒弘法大師御衣切　御服籠　宝山灰仏（仰）光明万荼羅　加持土砂　古今大徳十一師　（種子カーン）奉刻彫供養不動尊現当安全所　明和六年丑六月吉日　開眼導師羅漢寺開山　木食観海」（一字開きのところで改行）不動明王像光背銘とあります。明和六年（一七六九）の干支は乙丑で、観海は七十二歳になっています。令和元年から二年（二〇二〇）にかけて岡谷別当家が施主となって不動明王立像の解体修理を京都科学に依頼しました。明治年間に左腕の修理に出した際に、左腕が新しくなって帰ってきて、脇から腕が浮き上がるような不自然さがあったことと、右手に持つ宝剣の三鈷部分は、拳上はオリジナルで、拳下は後補で上部より大きく作られ、彫りも甘く、大き過ぎて違和感がありました。この二点を新しくして、本来のお姿に戻し、体躯全体のクリーニングと剥落止めをしてもらうことになりました。解体に伴って、仏眼祖睛筆『大聖不動尊像』にある、御胎内種品世ニ希有ナル尊像ナリ、とありますから胎内物の存在はわかっていたわけですが、解体修理にともない、その数点が確認されました。

①　舎利　釈尊の御骨（舎利石）　二　粒
②　弘法大師空海の御衣切　臙脂色の小布　一　切
③　宝山灰仏（不動明王坐像）光明曼荼羅　一　躯
④　加持土砂古今大徳十一師　数粒砂

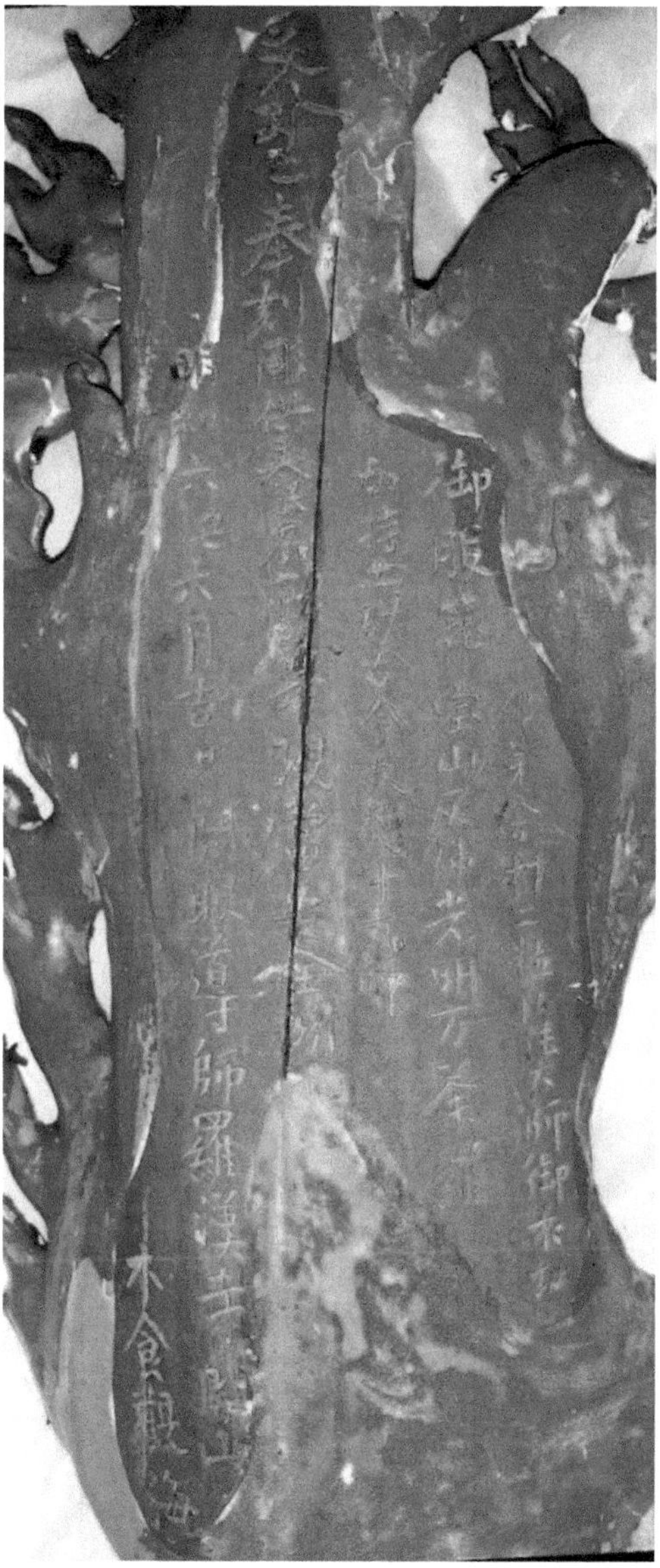

火焔光背裏面　木食観海の刻文　写真提供（株）京都科学

光背銘にあるものは欠けることなくすべて納入されていました。

一つ目の舎利の二粒は丸みのある楕円形で長さ３㎜ほどです。中心部に黒い部分があって全体は乳白色です。これは青森県東津軽郡今別町の舎利浜に打ち上げられる瑪瑙で、米粒状になった舎利石を舎利の代用品として、水晶で出来た五輪塔の内部などに安置して崇拝信仰対象にしていた石のようです。舎利信仰と収集に熱心だった宝山湛海師ゆかりの舎利石だと考えられます。二つ目の弘法大師空海の御衣切は長さ四〇㎜、幅三〇㎜ほどで、臙脂色よりやや濃い目の色合いでしょうか。電子顕微鏡で見るときめ細やかなしっかりした織り目が確認出来ました。現在でも師僧の法衣を弟子たちが裁断して法統を守る儀式が行われるので、それと同じだと考えられます。真言宗系の僧侶にとっては大変な珍宝で貴重だった、信仰対象となる宝物でした。三つ目の宝山灰仏とは不動明王坐像で、外枠長さ五〇㎜、幅四〇㎜ほどの坐像で、護摩供養の祈祷の灰を練った粘土あるいは膠などが入っているのでしょうか、練り上げて、型に嵌め込んで制作した後に彩色しています。その四辺を木枠で飾って山岳を表現することで補強しながら荘厳していますが、窟といってもいいかもしれません。細かい顔の表情まで表現され、彩色も良く残っていました。像は縦四十四㎜、幅二十二㎜と小さなものです。四つめは白色系の砂でした。不動尊像以外は、岩手県立博物館研究協力員の吉田充氏に電子顕微鏡で鑑定していただきました。

不動明王坐像の裏面は六角形を半分にした形状で右に上から詰めて、十万枚護、中央は下に宝山、左は上から、摩灰造之と護摩灰を混ぜ込んだ粘土が乾ききらない柔らかいうちに箆で押し書いた文字があります。護摩木か護摩札の灰を集めて練り込んで制作したので

上　胎内納入物
右　不動明王坐像
写真提供　京都科学

しょう。中央の宝山は制作場所か制作者名だろうと思いましたが、断定はかなり厳しいなあと思っていました。

ところが、大学時代に遠くに眺めていた生駒山には宝山寺があることを思い出しました調べてみました。奈良県と大阪府の境にあたる生駒山系の生駒市側の、歓喜天を祀る生駒の聖天さんと親しみを込めて呼ばれる宝山寺に関係しないかと思ったのです。護摩供養ですから、真言宗や真言律宗のお寺に関係するのではと思ったからです。

奈良県生駒市の生駒山宝山寺は、巨巌や奇石、幾つかの窟からなる魁偉な姿の岩肌の前に犇めき合うように伽藍が建ち並ぶ霊場です。本堂の後方の岩窟は般若窟と呼ばれています。江戸時代、銅山経営を中心に繁栄した住友家をはじめ、大坂商人の商売繁盛や現世利益の信仰を集める寺院です。大和郡山の藩主柳沢家の庇護も受けていました。宝山寺編の『般若窟　生駒山寶山寺縁起』二〇〇〇の図版の十に不動明王の護摩を嵌め込むための押し型と、その押し型から作られた灰仏の写真が掲載されています。型は二種類で鋳銅製です。背面が平板なものは、十万枚護　宝山　摩灰造之と右から三行あり、表面は火焔光背に不動明王坐像と二童子像からなります。もう一つの型は、表面は不動明王坐像のみで両脇に二童子はいません。裏目の文字は同じですが、平面ではなく六角を半分にした三面に一行ずつ刻まれています。

三日月神社のものは文字がもう少し強めに押し書いた文字に見え、押し型は坐像のみのもので、鋳銅型と同じです。火焔の赤は同じですが尊体の黒っぽく、周りに木枠がついて岩窟を表現しています。そこが宝山寺のものとの違いです。これ以外には、奈良県内でも五條市の行圓寺の四躯、生駒郡安堵町の常徳寺に壱躯、同じく、安堵町の菩提院（現在は廃寺）に壱躯と合計六躯しか確認されていない貴重な灰仏が奈良県から遠く離れた岩手県大槌町に伝わっていることがわかりました。どのような経過で恵忍観海のもとに伝わったのか、図版解説には用途や伝承経過はわからないとあります。どのような経緯やつながりがあったのかは、今後とも調査して行かなければなりません。

役行者や弘法大師も修行したと伝わるこの寺の中興開山こそが、寺名となる宝山湛海師です。湛海は伊勢の出身の真言僧で俗姓は山田氏。字は宝山、如来房と呼ばれました。寛永六年（一六二九）生まれで、享保元年（一七一六）に八十八歳で亡くなっています。現在の富岡八幡宮を永代寺の鎮守として復興しています。祈祷の効験が素晴らしいと評判になり、人々から資金や資材思った以上に集まったと伝わります。この頃は聖天を信仰しています。その後、京都の粟田口に歓喜院を建立して独立しました。大和国葛城山麓の山林で千日不出の木食行を続けました。その際に行をするにふさわしい場所は生駒山であると不動明王に教えられ、延宝六年（一六七八）に数人の弟子たちと生駒山に入り、念願の八万枚護摩供養を果たしました。この頃はまだ宝山寺と呼ばれるまえで、大聖無動寺と号していました。十万枚護摩は何度も繰り返されたといいます。無動尊とは、不動明王の別称です。

関白近衛家熙の腫れ物を祈祷で治したことから、東山天皇、将軍徳川家宣から求められて求子の祈祷や世継ぎの安産祈祷を行ってその期待に応えました。住友家を始め多くの商家や庶民が商売繁盛や開運などの現世利益を求めて参拝するようになり、弘法大師空海揮毫と伝わる「宝山寺」扁額が奉納されたことにより、宝山寺と改名しています。

無動寺の無動尊とは、不動明王の別称で、大聖不動明王寺とも言うべき寺名だったわけです。仏眼祖睛が書いた不動明王の招来を紹介する軸の最初は「大聖不動尊像」と始まります。湛海は聖天（歓喜天）信仰から不動信仰に変わった人物ですので、湛海の影響を観海が受けている直弟子、或いは孫弟子の可能性が高いと思います。

あくまでもまだ私の推測の域を出ませんが、真言宗開祖空海、宝山寺中興湛海、羅漢寺開山観海という僧名は「海」が片諱のように共通です。真言宗の僧侶で、当然宗祖弘法大師空海を尊崇していたでしょうし、湛海の弟子か孫弟子に観海がいて、貴重な宝物を受け継いで自分の念持仏の不動明王の胎内に納めたと考えています。元禄十一年（一六九八）に誕生した観海はどこで出家して修行したのか一切わかりません。宝暦六年（一七五六）から羅漢寺開山の行動を起こしたときに仏国寺の住職であることはわかっていますが、これ以前のことも伝わりません。例えば観海が十五歳で湛海に弟子入りしたかも知れないことは、二人の生没年からして可能となります。湛海の晩年に観海が入門することは可能です。

十万枚の護摩札の灰で仏像を造る。それも宝山湛海が考えて始めたことです。仏は不動明王。別名無動明王で、宝山寺の当初の寺名は大聖無動寺でしたし、湛海に生駒山が修行の場にふさわしいと教え導いたのも不動明王でした。千日の木食行をしている時だったといいます。木食戒を実践したのも観海が湛海の弟子ではないかと考える理由のひとつになります。木食行は、観海から大槌の三人の仏道者に伝えられました。不動明王像の由来を書いた巻子の題は「大聖不動尊像」で、不動明王の招来由来が記されています。湛海の影響が観海を通して、慈泉、祖睛、浄圓に伝わり、観海の不動明王像を三日月神社の本尊として迎えることにつながったのではないかと考えています。

湛海の弟子であった観海は、師が護摩灰でつくったゆかりの不動明王坐像を譲られ、念持仏として篤く信仰していた。それを羅漢寺の自坊で祈祷や修行をするために安置する仏像の胎内に自分が大切に伝えてきた宝物と一緒に納めたと考えるのが自然だと思います。木食行、木食戒は湛海から観海に授けられ、観海から木食戒を受けたのが、微笑みのみほとけと称される仏像彫刻で有名な木喰上人、木喰行道、木喰五行菩薩、木喰明満仙人と改名した僧侶や秀井慈泉、仏眼祖睛、利記浄園へと木食戒が受け継がれていきます。

四つめの真言宗の大徳十一師が誰を指すのかわかりませんが、真言八祖までは、さかのぼらないかも知れませんが、空海からの法統を守ってきた人たち十一師によって加持祈祷を重ねてきたと伝えられる砂だということでしょう。吉田氏によると輝石、石英であり、川砂ではなく海辺の砂であるとの見解でした。一つめの舎利、二つめの弘法大師空海の御法衣の切、三つめの護摩の灰仏と並んで湛海が大切にしていたものを観海が受け継いだと考えるのは荒唐無稽でしょうか。

この四種の宝物は奇跡的にも納入当初のままに納められていたわけです。明和六年（一七六九）に納入され、令和元年（二〇一九）に二百五十年ぶりに日の目を見て、修理後は元通りに納入されます。この不動明王立像の開眼供養の導師は木食観海上人がつとめています。何度か出てきていますが、水戸城東にあった玉樹山羅漢寺開山の住職で、倶胝山六地蔵寺の住職を兼務していました。彼の弟子の泰暁が師の後継として兼務住職を受け継いでいました。残念なことに大火の後、水戸藩は寺の復興を認めなかったので現在、羅漢寺はありませんが、六地蔵寺は水戸市六反田に現存します。

大乗妙典千部の碑　三日月神社

岡谷家の家業を支えた持船の妙見丸の扁額
揮毫は英泉　どのような人物かはまだ不明

六　厨子入弁財天坐像

（１）由来書二三六㎜×六六四㎜

敬礼で始まる偈頌が廿句ほど連なります。弁財天を信仰することで、願い事は悉く速やかに成就し、無病息災で安穏に暮らし、寿命が延長し菩提道を修めると結んでいます。

この像は元々前川某の念持仏でしたが、その人の死後、良通居士と称する翁が恭敬していました。世の中の変易とともに我が家に移ってきました。良通居士は我が岩間家と浅からぬ、ゆかりの翁でした。その深き縁を慕って恋い慕っておりましたならば、その功徳が顕れ、徳は功を隠すものです。この尊像を意図的に求めようとしなかったにも、拘わらず当岩間家やってきてくれたのは、三喜右衛門が少しずつ積善してきた功徳だったのでしょう。江戸で再興（修復）が成就したので、開眼導師に津軽石の瑞雲十二世で、永平寺と総持寺の前住職も経験した九十六歳の大到見牛師と菩提所の吉里吉里村の吉祥寺の萬丈鐵山師をお願いして供養をしました。

天明七年歳在丁未五月十一日
両槌巷東梅社裡観旭楼庵主丁未二千部
持経沙門祖睛開眼会座筆を含貽伝ス

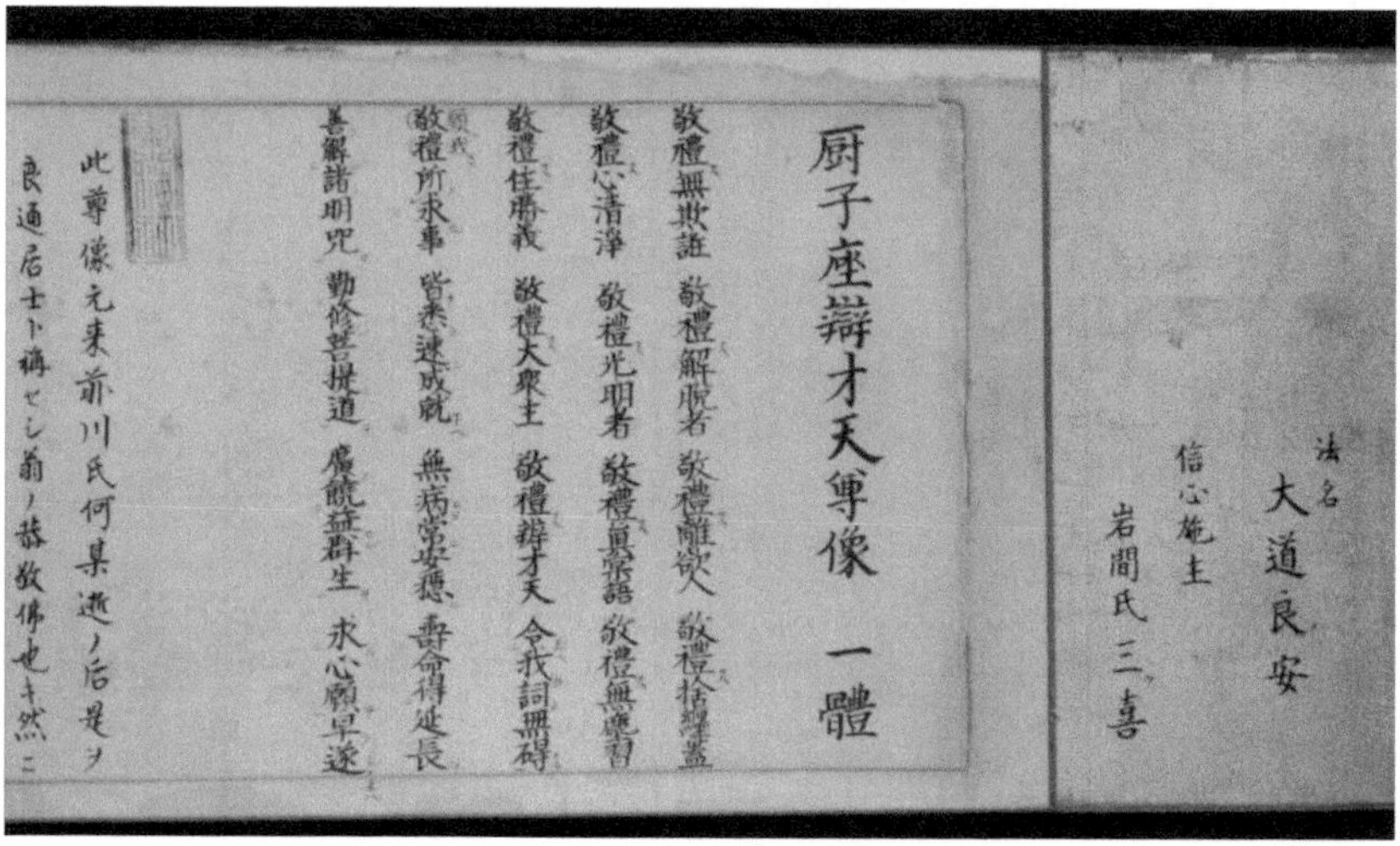

法名 大道良安
信心施主 岩間氏三喜

厨子座辯才天尊像 一體

敬禮無欺誑 敬禮解脱者 敬禮離欲人 敬禮捨擲蓋
敬禮心清浄 敬禮光明者 敬禮眞諦語 敬禮無愛習
敬禮住常義 敬禮大衆主 敬禮辯才天 令我詞無碍
願我敬禮所求事 皆悉速成就 無病常安穏 壽命得延長
善解諸明咒 勤修菩提道 廣饒益群生 求心願早遂

此尊像元来前川氏何某逝ノ后是ヲ
良通居士ト稱セシ翁ノ恭敬佛也キ然ニ

厨子座辯才天尊像一體巻頭部分

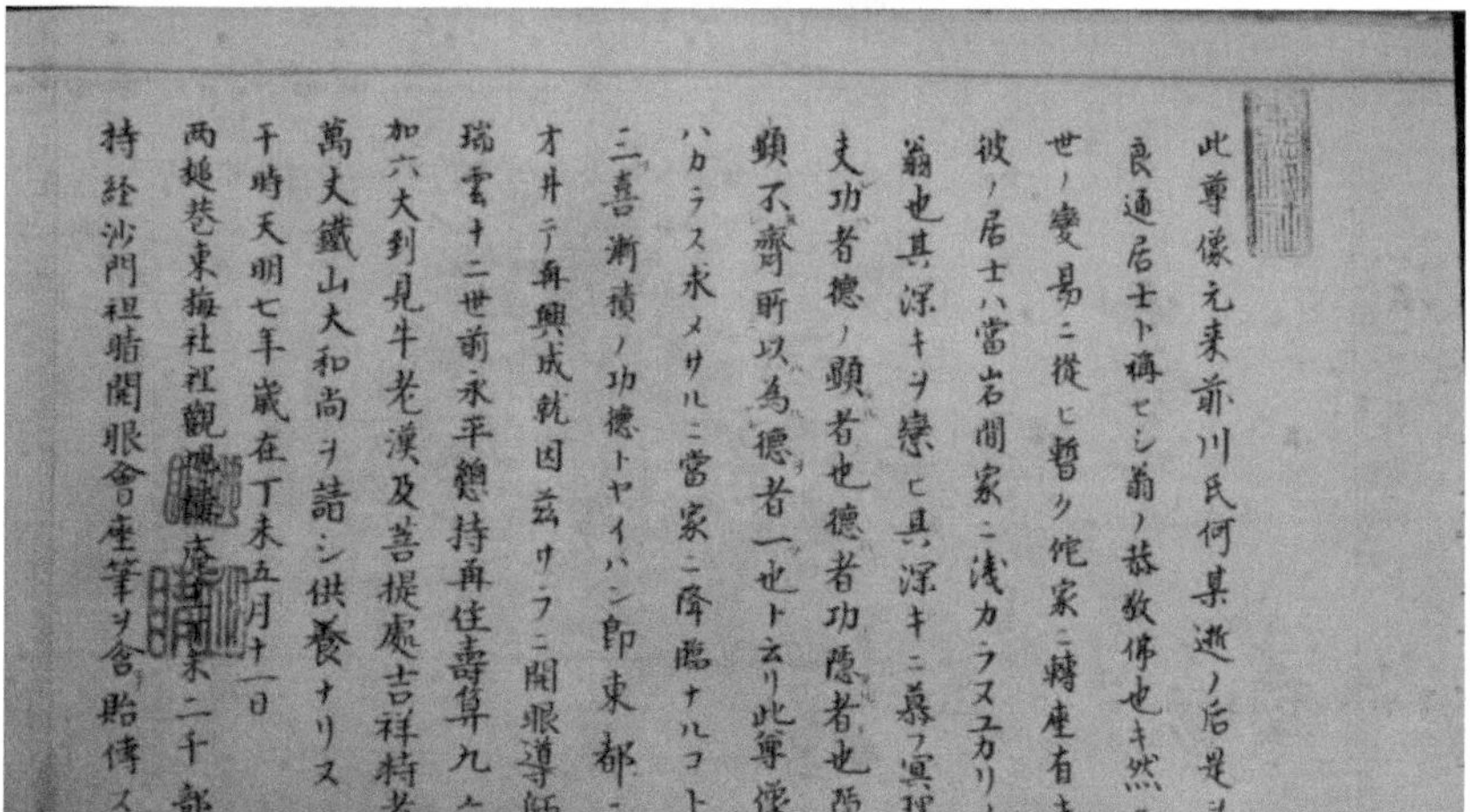

此尊像元来前川氏何某逝ノ后是ヲ
良通居士ト稱セシ翁ノ恭敬佛也キ然ニ
世ノ變易ニ從ヒ暫ク他家ニ轉座有キ
彼ノ居士ハ當岩間家ニ淺カラヌユカリノ
翁也其深キヲ戀ヒ其深キニ慕フ眞理
夫功者德ノ顯者也德者功隱者也隱
顯不齊所以爲德者一也ト云リ此尊像
ハカラス求メサルニ當家ニ降臨ナルコト
三喜漸積ノ功德トヤイハン即東都ニ
才井テ再興成就因茲サラニ開眼導師
瑞雲十二世前永平懲持再住壽算九ヶ
加六大刹見牛老漢及菩提處吉祥精者
萬丈鐵山大和尚ヲ請シ供養ナリヌ
于時天明七年歳在丁未五月十一日
兩塊巷東梅社裡觀鴻 … 二千部
持経沙門祖晴閑眼會座筆ヲ含貽傳ス

辯才天尊像の由来を記した本文部分

こちらは元々前川家に伝わったもので、良通居士を経由して変遷の結果、図らずも三喜右衛門の積善の功徳のおかげでしょうか。岩間家に伝わることとなり、江戸での修復を終えて御堂に迎え入れられ、不動明王立像と同様に瑞雲寺の大到見牛師と吉祥寺の萬丈鐵山師によって、天明七年（一七八七）五月十一日に開眼供養されて安置されたと記しています。大槌川と小鎚川のあいだに挟まれた現在の町方、大槌市街地にあたる巷にある東梅社の裡に住む観旭楼庵主で、二千部の法華経を持ち、読経する沙門の祖晴が開眼供養会に同席して筆を執って貽（おくり）伝えますとあります。弁財天像は五月十一日で、不動明王像は五月二十八日と別々の日に安置の法要を催したことになります。実は前川善兵衛家墓地に享保二十年（一七三五）正月四日亡くなった前川善右衛門光栄墓碑があります。戒名が天真良通居士であることから、この辨財天像を所持して信仰していたのは彼であって、岩間家後裔の岡谷家と浅からぬ縁がある人物だったと確認出来ました。墓碑銘は「享保二十年乙卯年　歸元　天真良通居士霊位　正月初四」と記されています。彼は、小国村の出身で、三代助友に見い出され、助友の妹を妻として分家梅屋を興しています。娘のまんは慈泉の妻となっています。本家当主助友とともに珊瑚島（蓬莱島）に弁財天尊像と石祠を、鵜住居の常楽寺に木魚と前机と半鐘を奉納していると花石公夫氏の『閉伊の木食　慈泉と祖晴』に紹介されています。前川明神の辨天様ももとは珊瑚島に祀られていた可能性もあるわけです。

七　霊鷲山図（五百羅漢図）一二九四㎜×五一〇㎜

岡谷家で、盂蘭盆会に盆棚を飾った部屋に掛けられていた一幅です。題簽にあたる部分には、霊鷲山図と墨書されていました。劣化が激しく懸けることもままならない状態でしたので、表具し直しました。木版で三段からなります。最上部には、縦三文字横十七行の枠で囲まれ、次のように記されています。

佛為太　子時摩　訶陀國　在世之　圖又得　果巳後　霊山説　法之躰　化度盡
佛滅後　五百羅　漢畢筏　羅窟出　現一切　經結集　流轉之　圖

釈尊が摩訶陀國の太子だった時の様子が下段、釈尊が霊鷲山で説法している様子が中段です。上段は釈尊が死去してから、文殊菩薩のもとに五百羅漢が結集（けつじゅう）して仏の教えを正しく伝え、守り、布教していくための仏典編纂の作業をし始めた様子が下段の三段からなる一幅です。

上段は、ほぼ中央に円光光背のなかに文殊大菩薩が磐の上に結跏趺坐しています。右手に智慧の宝剣、左手に経典ではなく、青蓮華を持っています。向かって右に迦葉尊者、左には、阿難尊者。二者の間には高脚の案に香炉が置かれています。岩場と雲と樹木に囲まれ、に俯瞰して五百羅漢が隙間無く描かれています。仏典編纂のための結集の様子を描かれています。

五百羅漢の結集の様子

釈尊に付き従った側近の阿難尊者は多聞第一と呼ばれ、私はこの様に説法を聴きましたという、如是我聞と仏教経典は始まるものが多いのはそのためです。そのことに間違いがないかどうか、吟味する役として、結集（けつじゅう）を催した智慧第一の文殊菩薩と頭陀第一の迦葉尊者がいます。悟りを開いた羅漢たちも、釈尊の説法内容が正しく後世に伝わるように耳を傾け集中しています。

中段は、右上に二重囲みに霊鷲山説法とあります。左上には雲間に豪華な寺院が見えます。門や塀のなかには楼閣に多宝塔や幡の翻る様子も見えます。釈尊の頭上雲間には二人の飛天女が描かれています。画面右奥に釈尊。その両脇に右は文殊菩薩で、合掌して、獅子の上に半跏に座っています。左は普賢菩薩。常軌どおりの右手に宝剣、左手に経典ではなく、長い茎の開きかけた蓮の花を右手は上に左手が下の茎を持っていて、左手は数珠を懸けているかも知れません。跨がっている象は跪いています。説法を聞く、諸菩薩に諸天諸明王と比丘や優婆塞が三十三人見えます。女性の出家者と、女性の在家信者の比丘尼と優婆夷は見えません。右には、水鳥は番で二羽ずつ、一方は鴛鴦でしょう。兎と羊、馬に牛、鹿と虎が見えます。虎だけは雌雄でしょうか二頭に見えますが、一頭は豹なのかも知れません。兎の前は、鶏でしょう。中央後方には樹木が描かれています。

下段は、二重囲みに摩訶陀國とあり、塼が敷かれた立派な宮殿の中央に中国風の衣装の大王と太子、大王の後は拱手している人物は従者でしょうか。右側に立つ女性と跪く大臣あるいは高級官吏の姿が見えます。右には金亭駒の手綱を持つ舎匿童子が一段下がった地面に立っています。

霊鷲山説法のようす

摩訶陀国のようす

その下にまた二重囲みに、宝暦五乙亥極月十八日　五百羅漢建立拝領之地　京都御室御所御直末羅漢寺　常陸國水戸城下五百羅漢開山木食観海印施とあります。

宝暦五年（一七五五）の十二月十八日に水戸藩からの拝領地に、羅漢寺を建立した観海は、京都の御室仁和寺（真言宗御室派・仁和寺派）の法統を受け継ぐ直々の末寺として、（玉樹山）羅漢寺と名付けました。

常陸国の水戸城下に五百羅漢を安置するお堂を含めた寺院を開山した木食観海が、世のためになる木版掛け軸を印刷して世人に知らせます。ということでしょう。この版画の元になった絵は仁和寺に伝わっていた仏画の可能性があると考えられます。羅漢寺建立に喜捨してくれた多くの人々、あるいはある程度のまとまった寄進をしてくれた講中の代表的人物たちに配布したのでしょう。

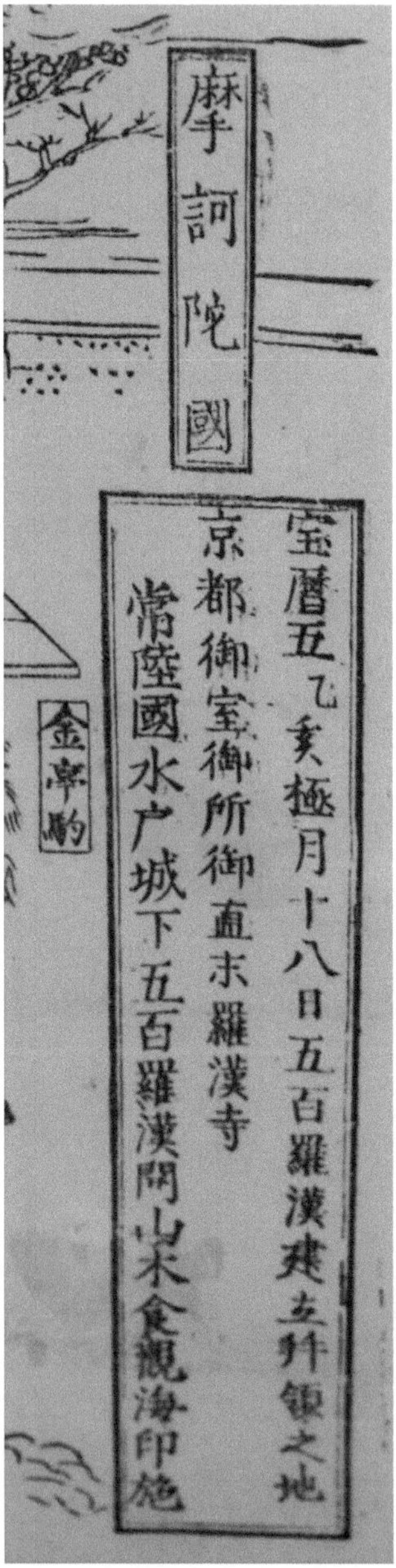

八　浄圓奉納観海筆般若心経　三四四㎜×四九六㎜

巻頭に菱形の朱印が捺され、中央上部に仏宝、右に法宝、左に僧宝とあります。すぐ下に般若心経とあり、仏法僧菱形印とでも言えるでしょうか。文字は罫線がありませんので少しずつ曲がっていきます。般若心経の四文字のみで、改行されます。一行十五文字ずつで十六行に渡って罫線もないので左右は詰まった感じで少し右に下がる行もあります。そのまま書き進み、最後の十七行目は即説咒曰のあとの、羯諦 羯諦 波羅羯諦 波羅僧羯諦菩提娑婆訶 般若心経 は通常の漢字ではなく種子で書かれています。末尾は、安永二巳六月日 羅漢寺開山 木食観海七十六叟云 観海にかけて観海開山の印、その下に木食観海の印が捺されています。安永二年は西暦一七七三年で、干支は癸巳です。

大槌町の小鎚川右岸を少し南西に向かうと生井沢（なまいざわ）地区があります。ここに杉森社の跡があり、石祠や卵形石に祖晴などの名前が残っています。その杉森社主人、山口清祐（清助）こと利記浄圓は、水戸の羅漢寺の木食観海のもとで修行していた時期があり、その際、師から賜った直筆書写の般若心経を大切にしていました。観海ゆかりの不動明王像を三日月山の本尊に迎えることに奔走した彼は、再興を手伝って結縁したため、観海上人直筆の般若心経と慈海宋順版と呼ばれる木版の不動明王経を三日月山不動明王に奉りました。このことは仏眼祖晴筆『奉収経趣意』に詳しく記されています。慈泉の娘やすは、浄圓の弟佐助と結婚させ菊池の分家にしています。

九　観海上人

上人は、元禄十一年（一六九八）常陸国多賀郡、あるいは陸奥国岩城に生まれました。出家時期や場所、師については不明ですが、茨城郡塩子村の仏国寺の第十八代住職に就任しました。この岩谷山清浄院仏国寺は現在の茨城県東茨城郡城里町にその法灯を守り続けています。江戸時代には岩谷観世音とも呼ばれ、奇岩や怪岩、松や杉が鬱蒼としていて泉流も綺麗で、岩壁の中腹に懸造で観音堂がある類いなき景勝地でした。地元の人々からは関東の女人高野と呼ばれていました。今でも常陸三十三観音巡礼の結願のお寺でもあります。この文章を書いていて、まるで木食観海の弟子秀井慈泉が開いた往時の古廟山観流庵を彷彿とさせる感じがします。

藩主が巡検の際に立ち寄るほど見事な池泉や花木だったと言います。大矢文治、長沢文作の『三閉伊日記』嘉永七年（一八五四）には、寛政九年（一七九七）に藩主南部利敬が領内巡検した際に、わざわざ立ち寄ったことが記されています。

観海は羅漢寺を開山した人物です。『水戸紀年』五「良公」条（『茨城県史料』近世政治編1）によれば、羅漢寺は宝暦六年（一七五六）に水戸城の東方の谷田酒戸（坂戸）の地内に百三十四石余の土地を藩主から賜って、五百羅漢堂の創建を発願します。良公とは諡で、水戸藩五代藩主徳川宗翰（むねもと）のことです。

まずは蓮池町の川又鷺休の宅地内に祀られていた弁財天像を移してきて賜地に安置します。塩子村の仏国寺の末寺に玉樹山十圓寺という廃寺があったので、この寺号を仮に借用して、観海は四方へ募金活動にでかけ、二万両を得ました。羅漢寺はそのため玉樹山羅漢寺と名乗ることになります。その浄財の他に米穀や良材や巨木を求め集め、傑出した楼閣の如き五百羅漢堂を建てました。

ところが宝暦十二年（一七六二）壬午に土木の小屋から出火して、一片も残こすことなく灰燼に帰してしまいました。それでも諦めずに、明和から安永年間にかけて再建に着手します。四方、遠近にかかわらず、巨木を転輪して仏像を安置しました。人々は寶貨を投じ、その供用を助けました。今に残るものはすべてこの再建時のものです。羅漢堂はまるで楼閣のようで、遠方からでもよく見えました。高さ十丈八尺（約三十メートル）、奥行き十八間（約三十二メートル）、幅二十四間（約四十三メートル）の大きさで、高く突き出たさま（突兀・とっこつ）は天に聳えるようだったと言います。大工棟梁は笠間箱田村の孫平次でした。

観海は京都に仁和寺から院室兼帯に任ぜられ、御所に参内しました。後、大僧正となりますが、敕上人の呼称も許されたので、以後、水戸羅漢寺開山玉樹山相承院十圓寺敕上人木食観海と称しています。亡くなったときは七十八歳でした。桂岩寺、二十三夜堂、吉沼観音寺などはみな明和から安永年間（一七六四〜一七八一）に再建されたもので善美を尽くして旧観を超えるほどでした。とあります。この羅漢寺の創建や再建に大槌通御給人でもあった岡谷氏の祖先など、慈泉、祖睛、浄圓などの勧めもあって、財力を持つ者たちは講を組んで寄進を続けたわけです。茨城県沿岸の良港は江戸への寄港地で、ゆかりある場所だったわけです。

実は観海もその後継者だった泰暁や、文政期の舜興も倶胝山六地蔵寺の住職も兼務していました。このお寺は茨城県水戸市六反田に現存します。真言宗豊山派で、倶胝密山聖寶院六地蔵寺と称しています。水戸大師と呼ばれ安産子育ての霊場として有名です。徳川歴代将軍と水戸徳川歴代藩主の位牌を護持し、地蔵堂と旧法宝蔵は、二代藩主光圀の建立です。大同年間の開山で、室町時代に中興され、大掾氏、佐竹氏、水戸徳川氏の庇護を受けた寺院です。観海の出生地が常陸国多賀郡なのか陸奥国岩城なのか、多賀郡生まれで岩城で活躍したことによる誤伝なのかはっきりしません。明和七年（一七七〇）に水戸城の東方に土地を与えられて羅漢寺を建立します。足かけ十四年かかりました。宝暦十二年（一七六二）に羅漢寺において木喰行道に木食戒を授けました。木喰は四十五歳でした。その後七十六歳で木喰五行菩薩、八十九歳で木喰明満仙人と名乗りを変えます。観海は安永二年（一七七三）大僧正に任じられます。安永四年（一七七五）十二月二十四日に亡くなっています。享年七十八歳でした。

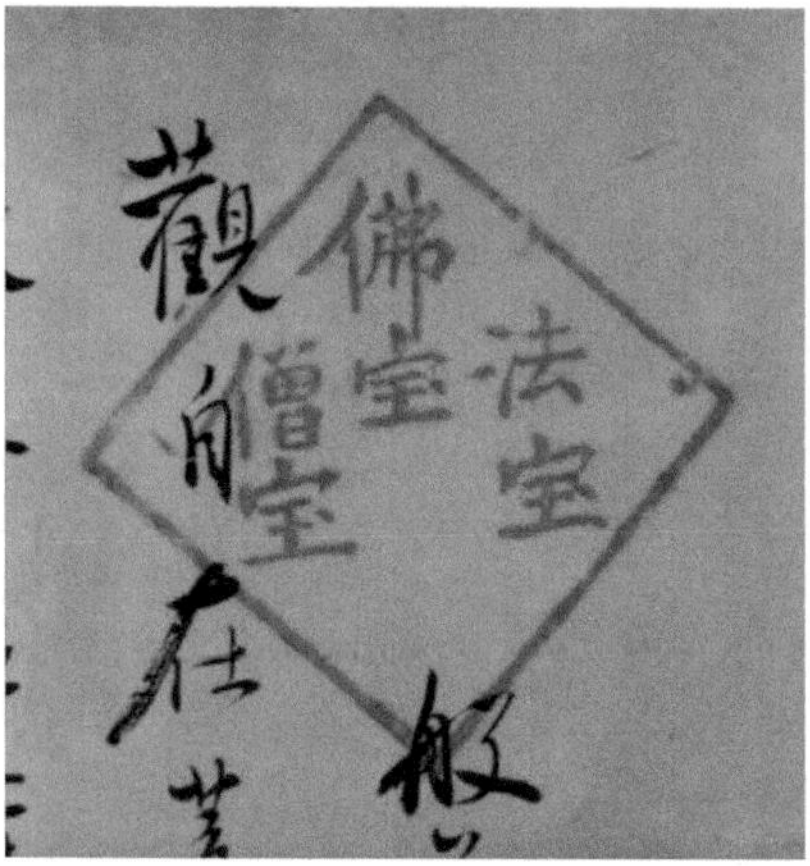

観海筆般若心経の冒頭の三宝菱形印の部分

この観海の前半生に、特に出家から羅漢寺開山までは謎だらけです。木食戒や不動明王信仰や舎利信仰に、十万枚護摩供養な弟子あるいは孫弟子ではないかと今は考えています。

十　浄圓奉納不動明王経　二六〇㎜×四一六五㎜

実は『釜石市誌・資料編』に『奉収経趣意』（以下『趣意』が載っていましたが、三日月神社で実物を見つけることがなかなか出来ませんでした。破れ、折れ、汚れ、虫喰いでぼろぼろの木版経典を開いた際にその裏面に『趣意』が記されていることをやっと確認できました。見る影も無い状態だったので、表具師に相談して、なんとか保存修理を試みることになりました。木版経の裏だったので、『趣意』は折本でしたから巻子仕立てにし、折れや、破れ、汚れなどに対応して修理されました。木版折本仕上げの『聖無動尊大威怒王秘密陀羅尼經』と題目がついている折本木版経典には、「仏説聖不動経」が含まれます。この経典は、貞享二年（一六八五）乙丑九月穀旦（佳日）に慈海宋順が制作した版本で書林伊藤次郎兵衛が刊行しています。

慈海宋順は、江戸時代前期の天台宗の僧侶で、寛永元年（一六二四）生まれです。川越の家光や春日局ゆかりの喜多院や寛永寺の凌雲院の住職を務め、訓点を施した経典や陀羅尼を多く出版した僧で経典流布に貢献しました。これらは慈海本と呼ばれます。累進して大僧正に就任しました。元禄六年（一六九三）に七十歳で死去しています。

不動明王経に新たな裏打ちはしにくいとのことだったので、汚れを落として、上下の表紙のみ補強して体裁を整えました。今回の修理によって、どちらも後世に伝えることが出来るようになりました。

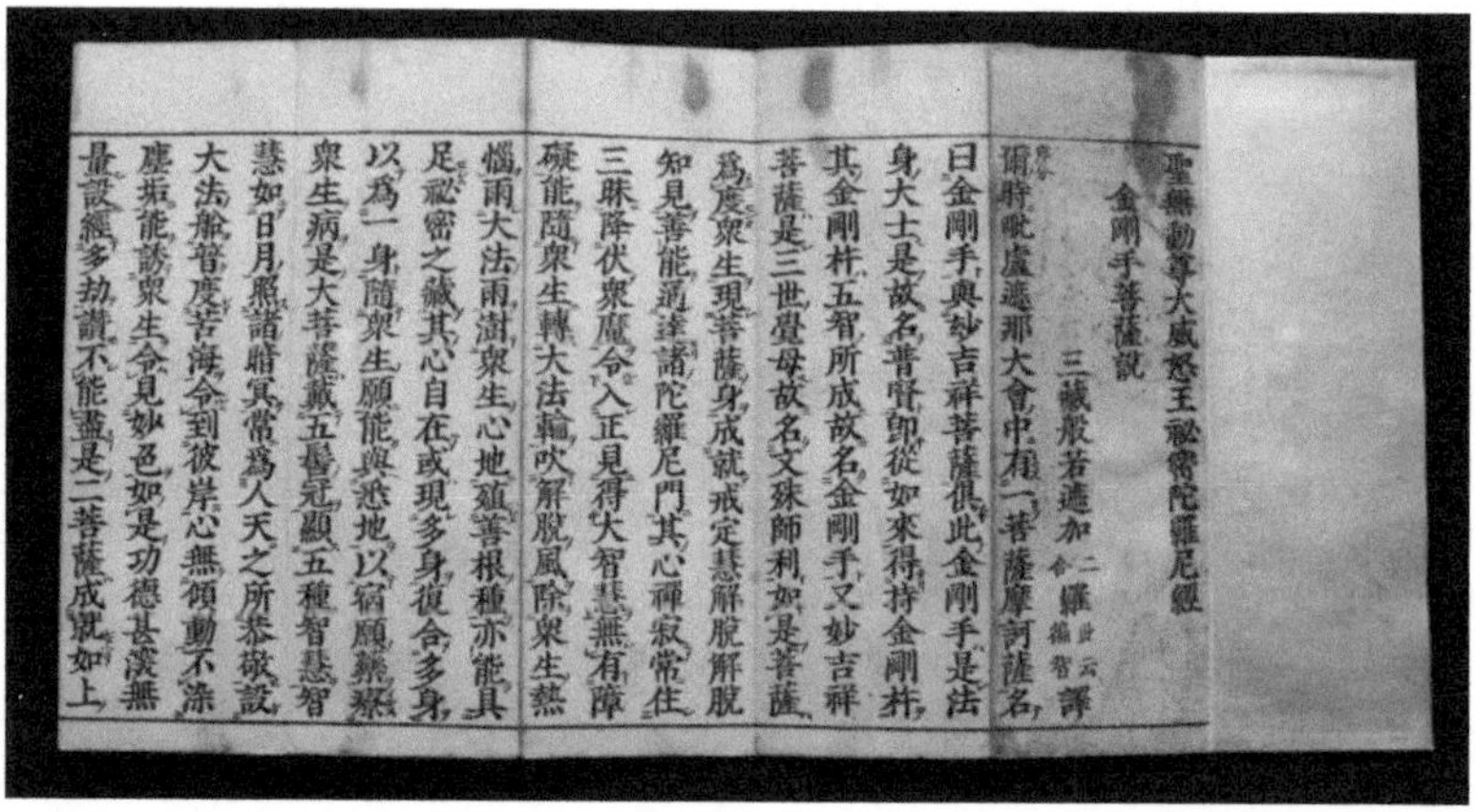
聖無動尊大威怒王秘密陀羅尼經
金剛手菩薩說
三藏般若遮加羅二合此云徧智譯
爾時毗盧遮那大會中有一菩薩摩訶薩名
曰金剛手與妙吉祥菩薩俱此金剛手是法
身大士是故名普賢即從如來得持金剛杵
其金剛杵五智所成故名金剛手又妙吉祥
菩薩是三世覺母故名文殊師利如是菩薩
爲度衆生現菩薩身成就戒定慧解脱解脱
知見善能通達諸陀羅尼門其心禪寂常住
三昧降伏衆魔令入正見得大智慧無有障
礙能隨衆生轉大法輪吹解脱風除衆生熱
惱雨大法雨潤衆生心地殖善根種亦能具
足祕密之藏其心自在或現多身復合多身
以爲一身隨衆生願能與悉地以宿願藥
衆生病是大菩薩戴五髻冠顯五種智慧智
慧如日月照諸暗冥常爲人天之所恭敬設
大法船普度苦海令到彼岸心無傾動不染
塵垢能誘衆生令見妙色如是功德甚深無
量設經多劫讃不能盡是二菩薩成就如上

聖無動尊大威怒王秘密陀羅尼経の冒頭部分

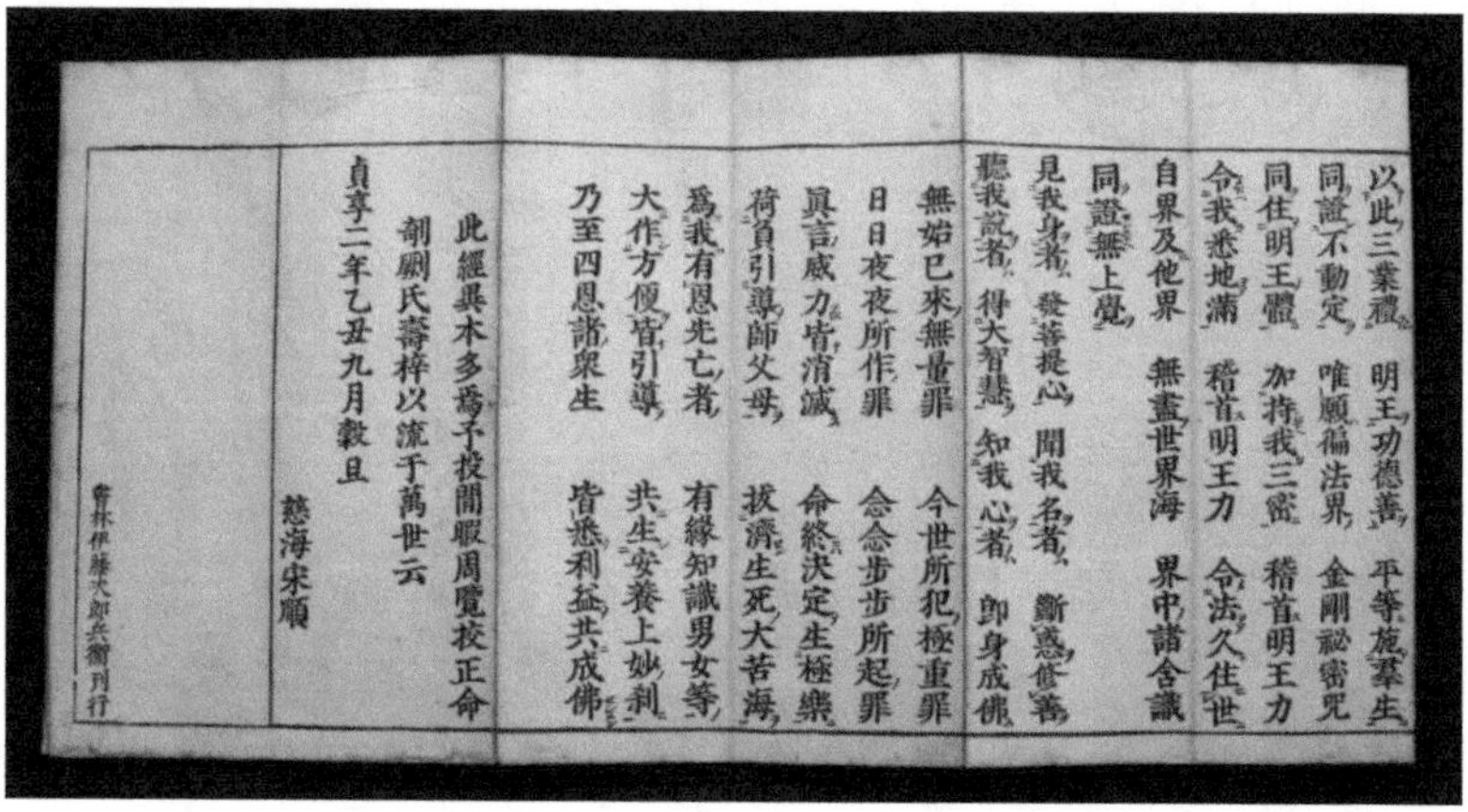
以此三業禮　明王功德善　平等施羣生
同證不動定　唯願徧法界　金剛祕密咒
同住明王體　加持我三密　稽首明王力
令我悉地滿　稽首明王力　令法久住世
自界及他界　無盡世界海　界中諸含識
同證無上覺
見我身者　發菩提心　聞我名者　斷惑修善
聽我說者　得大智慧　知我心者　即身成佛
無始已來無量罪　今世所犯極重罪
日日夜夜所作罪　念念歩歩所起罪
眞言威力皆消滅　命終決定生極樂
荷負引導師父母　拔濟生死大苦海
爲我有恩先亡者　有縁知識男女等
大作方便皆引導　共生安養上妙刹
乃至四恩諸衆生　皆悉利益共成佛
此經異本多焉予投閒暇周覽校正命
剞劂氏壽梓以流于萬世云
貞享二年乙丑九月穀旦
慈海宋順
書林伊藤次郎兵衛刊行

慈海宋順　書林伊藤次郎兵衛刊行

山口浄圓が般若心経とともに奉納した不動明王経

十一　仏眼祖睛筆『奉収経趣意』　二五六㎜×四三五七㎜

三日月山の再興に協力した秀井慈泉や山口浄圓とともに協力を惜しまなかった仏眼祖睛は、不動明王像と弁財天像の来歴や由来などを記したほかに、この『奉収経趣意』を三日月神社に残してくれました。神社の再興の経過がよくわかります。

三日月山は昔からあったが、いつの頃からか祠は絶えて樹木だけが残り荒れ果てていたのを、岩間氏の出身の良安居士は破壊を悼んで、菩提心をおこして木や石を運んで祠を再興しました。ところが、ご本尊が無いことをいつも気に悩んでいました。まるで雷鳴がなると、雷光が晃（ひか）り耀くように、ここに真の友となる杉の森の主人山口氏浄圓居士が、壮年の頃に水戸城の東にある玉樹山羅漢寺に行って開山木食敕上人（観海）に従って修行していたので、羅漢寺に三日月山の本尊として請待できる仏様がいらっしゃるからと教えてくれました。

良安は数年胸が闇に包まれている状態だったのが一気に晴れて、踊り出すかのような喜び様でした。将来（仏様を迎えること）がかなうように我が家と俗縁の深い古廟山庵主の慈泉が、浄圓を誘って観海敕上人が亡くなった後、羅漢寺と六地蔵寺の兼務住職を務めていた泰暁法印に、ことの次第を伝えると、まるで箱とその蓋がぴったり合うように当山に降臨してくださることになりました。

このご本尊は開山木食観海上人の開眼仏で、胎内に収めた数品については上人が火焔光背の裏に記された尊像です。

三日月山の再興が完成する前に良安居士が亡くなってしまったので嗣子の春里は、父の意志を次いで石製祠と法華経の塔をつくり、先考（父）の発願を成し遂げた。御坂の石段は一村（赤浜村）和合によって寄進され、社構がほぼ整ったので再興の会式（法要）を執行することとなりました。

こうして当社の祭祀が始まると浄圓居士がいかなる宿縁によってか弁財天像も当山に将来しました。この像も先祖にとって子細ある仏なので不動明王と辨財天についての由来記を別に二軸したためましたので、そのことはここでは省略します。この表現ですと、嘉惣治の長男だった平十郎が前川氏の元で一人前に育ててくれて漁業に関する仕事を任せてくれたのは前川善右衛門光栄だったのかもしれません。

当家擁護の法華経は、山口浄圓の夢想に顕れて春里に辨財天像を授与するように告げたので、その霊験奇瑞のことばなども由来記あるのであえてここで漏らさなくてもいいでしょう。縁を求めて拝し奉るべき尊経（般若心経や不動明王経）も浄圓居士によって世間に出現してくださったことなので、その勝れた計らいのおかげなので、春里の代より、まるで親類と同様に等しく交わっています。

良安居士再興の発願から成就の日を迎えれば、随喜の心湧き、祭祀の修経などをこの一巻を荘厳して本尊の因縁にちなんで羅漢開山敕上人書写の般若心経一軸に帰依するので、納経の趣旨を書き記すことを、この夏の安居中に無言定に入っていたけれども、これを黙止するときは信心の所憑に違えて、少しの間、般若の書写を消息して、筆を頼んで口にすることを倩（つらつら）と考えてみました。と記しています。

世間では高貴で大きな富を蓄積して、その財を恃みとして社寺や尊像を作ることは善事や善行だと思う輩が居ることは否定しない。凡行の人に親が始めたことに因んで倨傲で善だと思うということは無明のなせることなのだ。迷途覚路を夢中に行くと言っても果ての至るに逮（およ）んでは、その証は最も異別があるものです。

厳島に平家のやんごとなき人々は不朽の名を纜の灯籠に残しています。石田三成の高野山の骨堂が破壊される罪を蒙るのも無為の業なのだろうか、蔓延る人の名を末代まで荘厳しましょう。

有相の相にして無相の相を知見して随喜善の功徳無量広大なることを理解すべきです。この浄圓居士はいまだ世間に自在を得た状態には到っていないのだけれども、他人の善を見ては、随喜の心を生しさせて、縁を求めては帰依の志を発して、普段から当たり前のこととして次第に仏法に自然に帰依しているのはまるで蓮の育っていく様子のように、故に世の中にその余慶は比べるものがないほど浸透していくようになっています。

どうして人は人を以て鏡としないのでしょうか。何を持って本当の損得とわきまえているのではないでしょうか。喜捨、寄進をする人にあっても、有り難いことだ、私もしたいなどとは思わず、かけがえのない良い友にあっても信頼されないのは、親身な行いなどは一切なく、その辺にいる人にただ接していることと同じになってしまう。道を求める人は工夫をしなければならない。

此の経の中に、本尊の家の衆生の心想うに、住すと説せ給ふを観し、奉れば隠れたる所なし、願主の如意、哀愍納受し給へと敬って又般若の書写に趣く。

時に寛政三つ辛亥に、ほしやどる皐月末の八日　東梅社の裏柳下の窗に識す。
庚戌歳尾法花経弐千七百部之持経者定齋不臥抖擻祖睛
仰冀
法力上祈父母帰法　開悟下冀子嗣早茂　綿延更願若見若聞　咸修萬行荘厳證入
毘盧性海者
寛政暦に　あらたまるはるの　祈祭に招かれける時
みか月山の　宝前におゐてよめる
出るより　夜毎夜毎に　みかつきの　まさる光りを　あほく宿かな

寛政三年五月二十八日に東梅社の裏の柳の下の窓（観旭楼）で記したのでしょう。庚戌年（寛政二年）に二千七百部の法華経を持つ（書写と読経）木食戒を守り、決められた食事しか摂らず、横になって休むことがない僧侶の祖睛と記しています。請い願わくば、上は、法力が父母を仏法に帰依させ、悟を開き、子孫の繁栄を祈り、連綿と願いますことは、見たり、聴いたりすることで、皆、萬行を修め、荘厳の毘盧遮那の世界に行けます証に入らんことを、と続き、年号が寛政に改まった己酉の年（寛政元年）の祈年祭に招かれた際に三日月山の御宝前於いて詠んだ「出るより　夜ごと夜ごとに　三日月の　優れた光を　仰ぐ宿かな」と結ばれています。

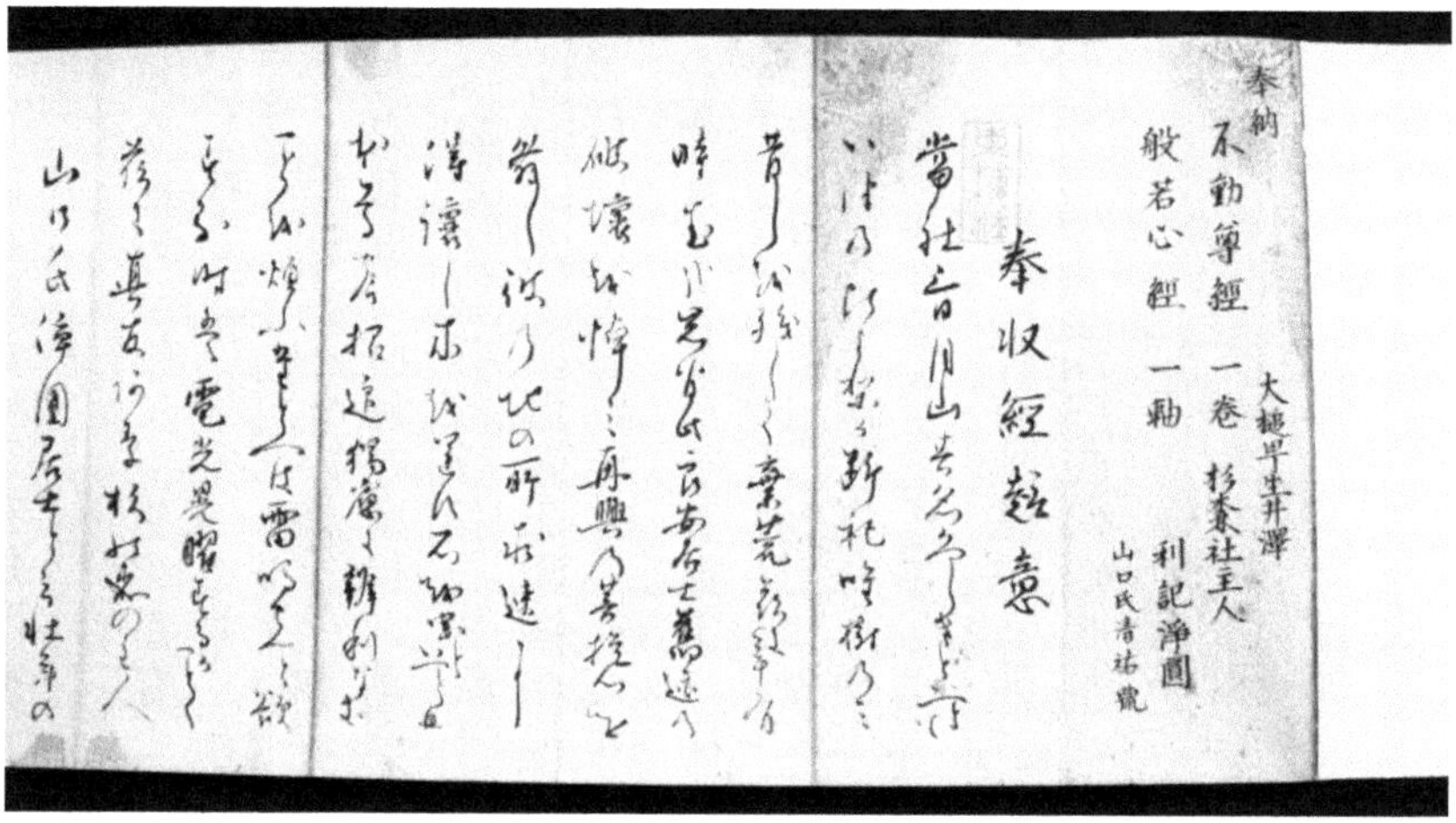

奉収経趣意の冒頭　奉納者利記浄圓　山口氏清祐號

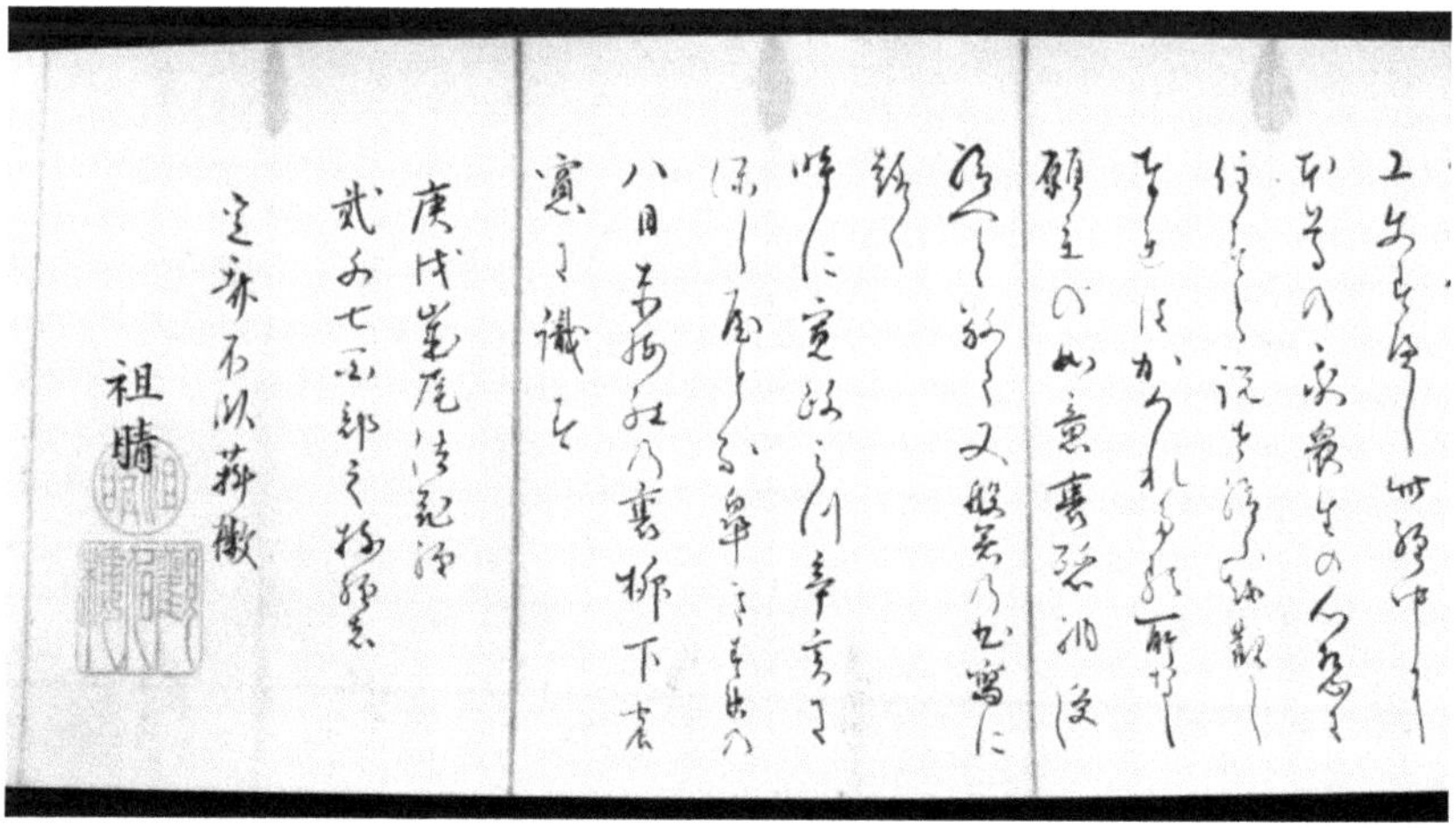

定齋不臥抖（原文はクサカンムリがある）擻　祖晴の落款部分

十二　仏眼祖睛筆『天神般若心経』一七一㎜×二八四㎜

紺紙金泥の一幅で、劣化がひどく金泥が剥がれたところも多く、汚れもあって、判読不能のところ（□）が多いです。天神般若経の後は一行開けて、

如是我聞一時佛在須提八萬三千寶蔵
金剛般若波羅蜜多第一大梵王第二
帝釋天王第三閻羅王釋迦牟尼佛道
三千大千世界廣大福壽經一切諸佛
行禮拜供養慧命須菩提王一切明
神□天□□千世界供養諸説□□
奉行□□無天滿大自在天神

行布施滅慳貪罪　八日
行持戒滅破戒罪　十四日
行忍辱滅瞋恚罪　十五日
行精進滅懈怠罪　廿三日
修禅定滅散離罪　廿九日
修智慧滅温壊罪　晦日

この六行の上に六齋日と中央部にあります。六行のすぐ上にも行と行の間に五文字あるものの金泥が剥離していて読めません。一行開けて一字下げて、奥南領閉伊郡両槌巷東梅社観旭楼、改行して槌の文字の隣の高さから法華持経行者、また改行して行の文字脇から佛眼祖晴、改行して、晴の文字脇から年齢が記されているようですが劣化で見えません。年齢の行の一番上を経文などと揃えて、天明二壬寅歳次北□とあります。

大乗仏教で行われる六種の修行を行って菩薩が涅槃に至るための修行をして六波羅蜜を身につけて、滅罪する六齋日を下に記しています。

天神般若経と題していますが、金剛般若経の須菩提は出て来ます。釈迦の十大弟子で解空第一ですから、般若心経の「空」の教えを理解するために六波羅蜜の実践を説いているのかも知れません。一切経と一切の諸仏を供養するとはありますが、この経名の仏典の確認が出来ません。肝心な後半部分が欠落していて読めないのが残念です。

ただ須菩提が様々な仏や経を供養しているように、天満大自在天神を信仰しなさいと説いているように思えます。直接、菅原道真を祀った天神信仰とは結びつきません。後二行の読めない部分に大切なことが書いてあるのでしょうが七文字まったく読めません。六波羅蜜の実践を勧めていることは間違いないようです。

奥州南部領の閉伊郡の大槌と小槌に挟まれた町中に東梅社観旭楼に住み、法華経を読誦し、書写する行者である佛眼祖晴は、天明二年（一七八二）の干支は壬寅ですし、祖晴は五十四歳です。

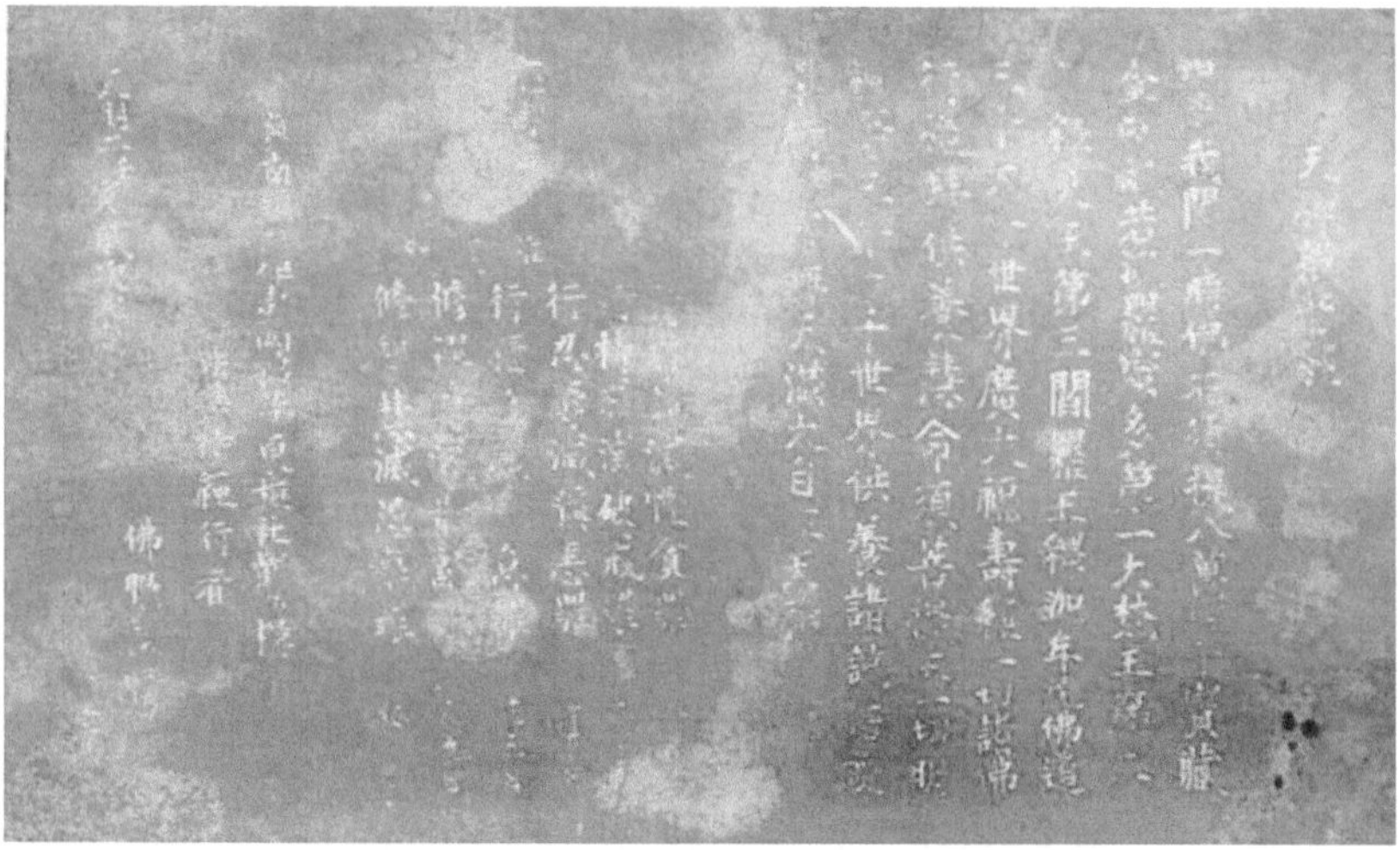

天神般若心経は汚れや剥落がひどかった

佛眼祖睛は、明和六年（一七六四）に京都、大坂、長崎まで諸社寺参拝の旅に出て、その折、太宰府天満宮に到り、満盛院快傳宮司に勧請を要請し、例がないと断られたものの、神匳と許書を得て帰国後、天神社を勧請して、東梅社を開設します。中島には、辨天社、池の北側が奇岩銘木を配した築山で、西側の築山よりに天神社。そのほとりに柳の木を植えて、観旭楼こと柳下窓と呼ぶ祖睛の居所がありました。梅の木も植えられていて味酒大明神もあったのに、直接の天神信仰と関わるようなものが伝わりません。

天神般若心経、天神御遺訓ともに、学問上達や、御霊信仰につながることは見当たりません。

天満宮の勧請発願した古里屋武助の心情をもっと調査しなければなりません。

十三　仏眼祖晴筆木版『天満宮御遺訓』　六五二㎜×二八四㎜

東梅社宴坐戊申啓旦二千弐百部持経者杜多祖晴書

世のつたひもて来て　後の世といへること有て　仏神をさへ誠あるよしにて　此世彼世のことなと願ひはへるほどの　愚かなるはあらし　此世は父母の賜にして　幾そハくの御苦労をもて　かくのことく　人となり　仏神有ことをも知り侍りき　然あれハ其本をわすれ　末の祈りは　いかて感応あらんや　されは古人も本立て末なると仰こと有し　今日の父母は　則ち伊弉諾伊弉冉の両尊釈迦弥陀の二仏此身天照太神　不転肉身の仏とおもほへ　朝な夕な我父母　生身の仏　いまそかりけれと　ぬかつき奉り　後こそ仏神を祈り奉り　なは　おのつから　和光の恵も　いちしるくはへりなむ　能々父母の御恩をさへ思ほへて　孝道の志侍らは　天地を動かすほどの感応なとかなからん　此こゝろなくして　仏神をいかに祈り奉るとて受給ハんや　仏神といへるも　昔し我人のごとき人の正直にして　一生此趣を勤め給し人の死後　其徳に　なつきあかめ奉るにて　その世　此ことハりを　左右の床に懸置　朝夕打詠め　こころかけ侍りてこそ　我門弟のしるしも有なめ

かそいろも　爰にいまその十寸鏡　一めくみのかけをうつす此身を

御社地内に石碑があったものの、いつの津波によってなのか、流出してしまって、本物では確認できません。その碑の拓本をもとに木版としたもののようです。

上部に天満宮御遺訓と右から左へ横に書かれ、その下の右端一行は東梅社宴坐戊申啓旦二千弐百部持経者社多祖晴書とありますから、東梅社で宴会が催された、戊申啓旦とあるので、天明八年（一七八八）の立春あるいは立夏の朝ということでしょうか。二千二百部の法華経の読経と書写を行っている祖晴が書いたとあります。

世間に伝わっていることなので、後世があると信じてこの世と来世の二世の安楽を仏や神に祈ることは愚かなことである。この世は父母のおかげで与えられたものです。幾つかの苦労もして（父母の養育で）人らしくなって、仏や神があることも教えてもらったのに（父母に孝行を尽くすという）基本を忘れ、末世のことを願おうとするのはおかしい。もっと先祖や父母に感謝して孝養を尽くし、子孫の幸せに暮らせるように心懸けるべきなのに、自分の末世を祈願するのは間違っている。今日、目の前にいる父と母は、伊弉諾尊や伊弉冉尊と同じであり、釈迦仏と阿弥陀仏や天照大神のように、両親を肉身の仏だと思いなさい。朝な夕な自分の両親は生身の仏だと思って、その前に額づいて感謝しなさい。それから仏や神に祈りなさい。そうすれば、自然と和光の恵みもはっきりと感じられるようになります。よくよく父母の御恩を思い起こして孝道の志を持つことが、天地を動かすほどの感応があるはずです。親孝行の気持ちがなくて、仏神をいかに祈り奉ってもそのような信心は受け取ってもらえない。孝養を尽くして、正直な人が一生そのように暮らせば、その人の死後に懐かしくあがめ奉られるようになるのが、この世の道理である。床の間に懸け置きて、朝夕心を込めて詠んでみなさい。親孝行を心懸けてくれてこそ、我が門弟の証だと思え。

最後は和歌で

「かぞいろ（父母）も　爰に十寸鏡（真澄鏡・ますかがみ）

一めくみのかけを　うつす此身を」

とあります。両親もこの澄みきった鏡に恵みの影として、この身を映してくださいますというようなことでしょうか。

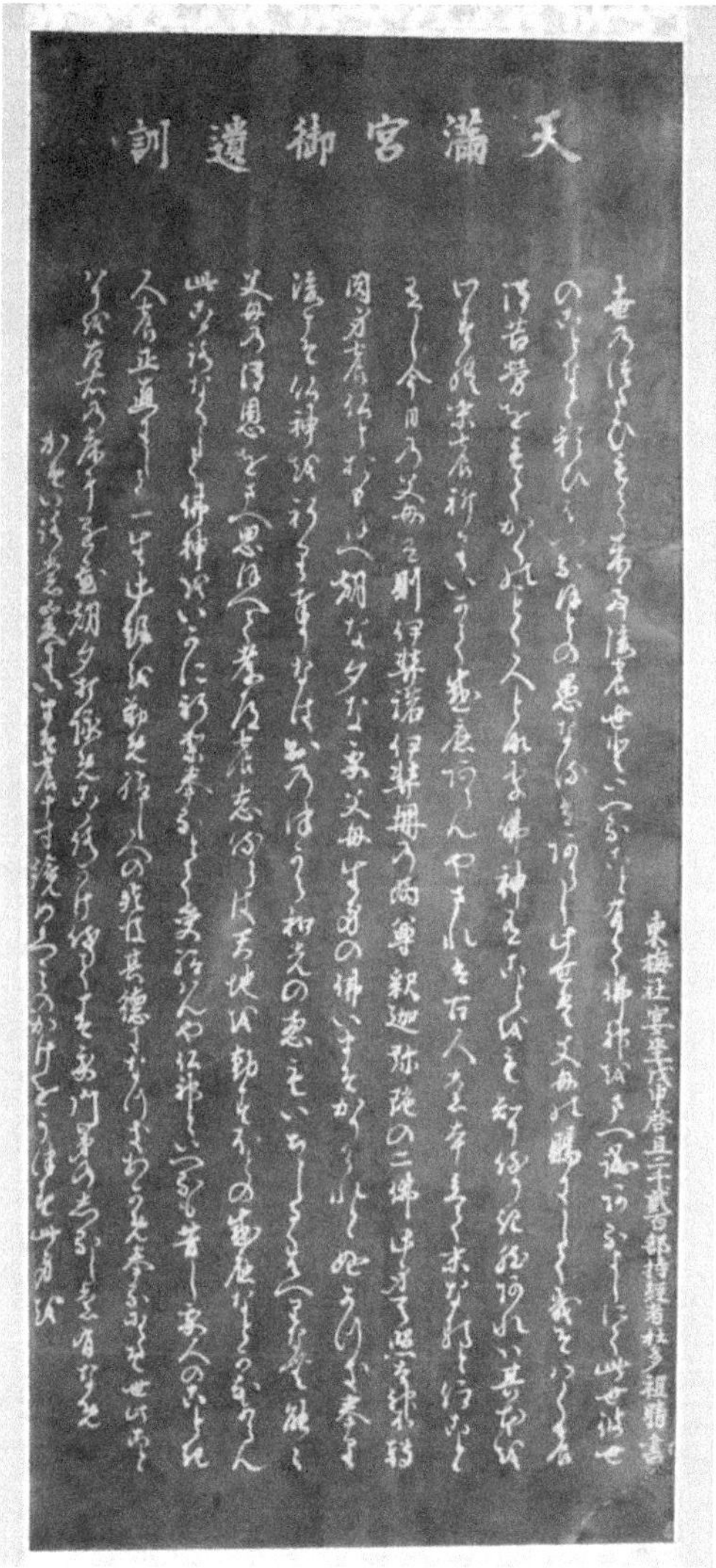

石碑は津波によって失われ、
大変貴重な文化財である

十四　三井親和筆『南山献壽柘』一三五四㎜×一四〇㎜

江戸の深川に住んでいて、篆書で一世を風靡した三井親和の一行篆書である。馬術と弓術に加えて、書も大人気で、幟や暖簾は勿論のこと、帯や着物になるほどでした。引首印は瓢箪型ですが、判読できません。左下は深川と親和の墨書の後に、深川居士と親和之印が捺されています。汚れや染み、やけがひどく、一分破れていました。まくり状態で新聞紙に包まれていましたものを表具しました。父親和揮毫の書と、子親孝の石製扁額の両方が伝わっていることになります。

南山がなかなか崩れないように高齢の人物が更に長命となるように盃を献上するというめでたい字句となっています。喜三右衛門こと大道良安居士あるいは喜兵衛こと春里が持船の蓬莱丸や妙見丸を用いて江戸へ海産物などを運搬した際に、深川の三井親和、三井親孝父子と知り合い二点が伝存することになったと考えられます。

十五　大道良安居士供養石塔銘

堂々とした石製供養塔の四面に線刻されています。正面は、左から持経者岩間氏　中央に二文字分高く大乗妙典千部　右に大道良安居士　右面は寛政二年歳次庚戌十二月種子二文字日　左面は己酉歳伊勢詣三十三所聚沙　此塔下蔵　嗣子岩間氏春里とあります。

岩間三喜右衛門こと大道良安居士は法華経を書写、読経する持経者で、三日月山再興の発願者です。全国的には一字一石の法華経の埋納が多いですが、この供養塔を建立したのは寛政二年の十二月吉日で、前年の天明九年一月廿五日に改元して寛政元年（一七八九）の歳次己酉に伊勢詣と西国三十三観音巡礼をして得た、それぞれの地の砂を集めてこの供養塔下に埋納したのが大道良安居士の息子岩間喜兵衛こと春里である。父大道良安は寛政元年十二月朔日に亡くなっている。

背面には、石に雕（きざ）むを碑と言う。法を継ぐ傳という。無作三身の覚、月は不転肉親の床を照らすと。茲に岩間氏三世の良安居士は未だ塵界を離れずと言えども知足観があって、常に閑事を好みて日課の経呪勝斗かたし。且つ仏世に出給ふ。一大事の因縁を尊重し、天明二壬寅の秋にあふて、大乗妙典を持経石書は廿八品を究め、読経は九百八十七部に至り時になるかな。

己酉の臘月七九の齢ひを隣にして、黄泉の風に乗じて去りぬ。時に孝子春里あり。遺命をもて菩提所鉄山和尚、古廟山慈泉、東梅社某甲に加読を請ひ千部にし（つ欠カ）らへ、塔下に彼石書をおさめ此碑伝を建てるに因みて、其の由来の辞を乞う善哉善哉。
経に曰く、此経持ち難し。若し暫く持つ者は我即ち歓喜、諸仏亦然り。此の三日月山も荒破せるを、石を求め運び、諸木を曳て再興す。露電の身の脆きを以て、金剛不壊の相を顕すも、是唯一念の所為なり。此碑伝にむかひて常少不老の影光を見んものたれか菩提心を発さざらんや。

仏眼祖睛による名文です。岩間氏の三代目となる大道良安居士は、知足の観を得ていたが危篤の病床にあった。良安は出家後、日常から閑かな暮らしを求め、写経をし、読経をして、真言呪を唱えてばかりで、仏道に励んでおりました。

三日月山を再興しようと一念発心した因縁を尊重して、天明二年歳次壬寅（一七八二）の秋、妙法蓮華経の書写は二十八品、読経は九百八十七部に至っていました。

ところが、寛政元年歳次己酉（一七八九）十二月に六十三歳で黄泉の風に乗って亡くなってしまったので、孝行息子の春里は遺言によって、菩提寺の吉里吉里村虎龍山吉祥寺の鉄山和尚と古廟山観流庵主の秀井慈泉と東梅社の某（東梅社裡観旭楼柳下窻仏眼祖睛）が加読して千部に整えて、供養塔の石の下に一字一石を納めて、その由来について碑伝を記しました。大変素晴らしいことである。

妙典（法華経）を手元に置いて、読経し、書写し続けることは難しい。もし、暫くでも経典を読経と書写ができれば喜びこの上なく、諸仏も喜んでくれるに違いない。この三日月山も荒れ果てていたのに石を運び、木を曳いて再興しました。電光朝露のようなはかない脆い身であっても金剛不壊の信仰心を持って、唯々一心に成し遂げてきたことなので、老若男女、誰でもこの碑伝を読んで、良安居士の菩提心に触発されて菩提心を発しない者がいるだろうか。というような意味でしょうか。謙遜しているものの仏眼祖晴の尽力無しには三日月山不動尊社の再興と発展、そして現存する文化財の保存伝承はなかったに違いありません。それほど多大な貢献をしたとも言えます。

上　大道良安供養碑

下　撰文を担った「佛眼」「祖晴」の二印

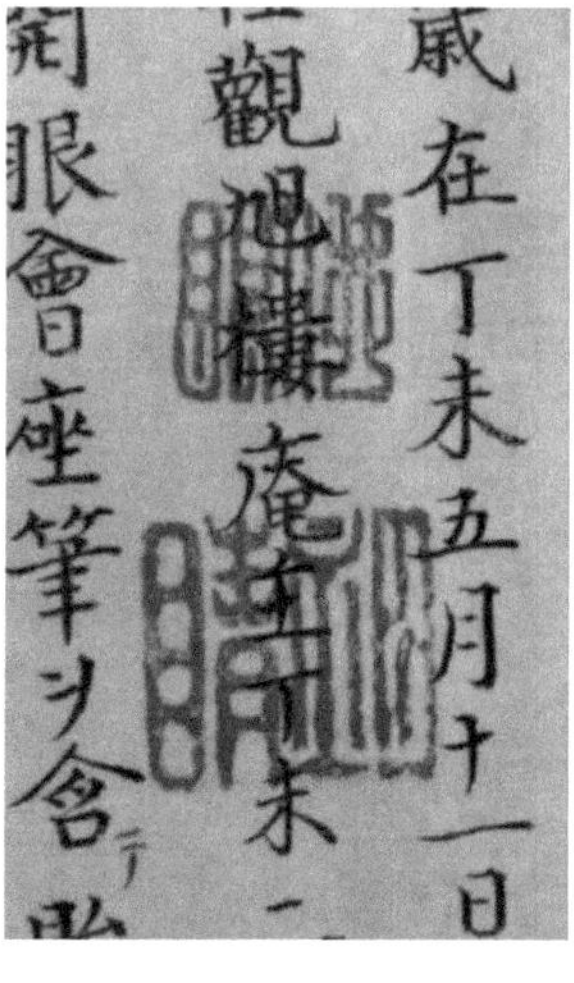

十六　三井親孝揮毫「参日月」石製扁額

平面二六〇㎜×四八〇㎜　周飾厚三〇㎜
外枠三九〇㎜×六三〇㎜　厚一二〇㎜

三井親和の息子親孝が揮毫した扁額です。分厚い石製の扁額で重厚感があり豪華です。残念なことに引首印の瓢箪型も落款の親孝の下の角印も摩耗によって判読できません。田口弘明氏に拓本をとってもらいましたがもやはり読めませんでした。ちょうど真ん中あたりで二つに割れていますが、作りは大変見事です。

父、親和の扁額や幟は、見生山大念寺に観世音、不動尊、観世音菩薩が伝存していますし、山田町大の八幡宮、釜石市栗林八幡宮、親孝の扁額は前川稲大明神の東榮丸、大槌稲荷神社の正一位稲荷宮、山浦の霞露嶽神社など、大槌通には、貴重な三井親子の揮毫扁額の多くが残ることがわかりました。郷土史家の徳田健治氏の真摯な調査の賜です。

十七　別当岡谷家と三師

三日月神社を現在まで信仰し、保存してきたのは別当岡谷家の献身的な努力の賜であることに違いはありません。ただ、三日月山再興に懸けた大道良安父子を支え、協力を惜しまなかった三師についてもう少し、紹介しておきたいと思います。

岡谷家略系図にあるように地元で義人と伝えられる橋野村肝煎であった古里に住んでいた嘉惣治の長男か赤浜の岡谷家の祖であり、次男が大槌町方の商人古里屋の祖となっています。古里屋の助十郎に育てられた佐兵衛子敏の子が武左衛門吉治。その子が出家して秀井慈泉となります。妻は前川善右衛門の娘でした。実弟の武助が出家して仏眼祖睛となります。生井澤の山口清助は出家して、利記浄圓となります。浄圓の弟佐助と慈泉の娘やすと結婚していますから三師は姻戚関係になります。

三人とも水戸の羅漢寺で、観海のもとで修行し、木食戒を受けて、実践をしているので兄弟弟子にあたります。時間の経過は前後するにしても、血縁と深い信仰心が三師を結びつけていたとも言えます。若い内は結婚して子孫を残し、家業に専念していますが、その後、仏道修行やその一環である全国聖地の巡礼や読経や写経、加持祈祷などに専心しています。古里屋は長崎奉行が派遣する南部領内の俵物買付人の御宿などを勤めていますが、実際には俵物をはじめとする海産物の採取や加工、集荷、運送にもかかわっていました。

ある程度の経済力がなければ、三人の出家後の活動は支えられなかったと充分に推測できます。

花石氏は慈泉と祖睛は嘉惣治の鎮魂や先祖供養のために出家とお考えですが、私は、真言律宗を始めた興正菩薩叡尊が提唱した〔興法利生〕の考えがあっての出家だったのではないかと考えています。三人はそれぞれ、秀井慈泉の古廟山観流庵を開き、古廟山麓を風光明媚な景勝地に仕上げ、小槌川の流れが眼下ながめる場所を全国行脚と仏道修行の拠点としました。石樋を流して、水を自在に活用して池泉や滝を演出していたと伝わります。

弟の佛眼祖睛は、荒れ地を買い求めて、現在の大槌町の中心地に、中島のある東梅社を開きます。太宰府天満宮を勧請したものです。東奥の梅の名所たらんという思いがあったのではないでしょうか。大槌湾の朝日と湾上の照り返しのまぶしい観旭楼を開き、天神や辨天を祀り、皐月や躑躅とともに柳や梅が植えて、不臥、不炊で木食戒を実践して、写経や読経に勧化をして暮らしていました。全国の霊地を巡礼して集めてきた土砂を丸石の下に埋めて、自ら巡礼出来ない人たちが、巡礼したのと同じ御利益を得られるように工夫していました。三日月山不動明王立像の招来や、本尊や弁財天のいわれや、再興した大道良安の信仰の様子を伝えてくれた功績も甚大です。

利記浄圓は、生井澤に杉森社を結んでいました。彼の協力なくして三日月山の本尊招来は実現しませんでしたし、観海筆般若心経や宋順版不動明王経などは伝わらなかったはずです。『奉収経趣意』によって沢山わかることがありますが、浄圓が納経の経緯を残したいと祖睛に依頼しなければわからないことだらけだったわけです。

特に観流庵には様々な経典や什物などを保管する蔵もあったようです。現在、盛岡市北山にある光台寺の本尊の阿弥陀如来像は彼が、聖徳太子の墓所を守る叡福寺の塔頭から購入して観流庵に安置していた仏像ですが、後に子孫が光台寺に寄進しました。現在、盛岡市の指定文化財となっています。生涯三度の全国行脚を試みています。商人だったころも含めてのことです。長崎に三度目に立ち寄った際には、長崎奉行所の絵図係である友人から『旧諸役所図』と題された長崎絵巻を贐として贈られ、古廟山観流庵に保管されていました。この巻子も子孫が盛岡藩主家に献上しました。もりおか歴史文化館所蔵の『旧諸役所図』は寛政三年に描かれた年紀のはっきりした、ほとんど劣化のない綺麗な絵には、長崎奉行所、出島、唐人屋敷、遠見番所、煙硝倉、俵物干場、砲台等が描かれています。

シーボルト事件でもわかるように鎖国下で、国家機密にかかわるこのような絵図が制作され、贈られるということは、描いて贈った者も贈られた者も厳罰に処される可能性があります。慈泉老師に絵図を描いて絵巻に仕立てて贈った長崎奉行所に勤めていた勝山町居住の雪翁軒一釣とは誰なのか今後も調査していかなければなりません。ただ、二人の中によほどの信頼関係が無ければ、こんな大胆なことは出来なかったはずです。

大井昇氏は『長崎絵図帖の世界』二〇一八長崎文献社のなかで、もりおか歴史文化館蔵『旧諸役所図』を紹介し、絵図面を三十三面、貼り合わせて巻子に仕立てられていることや贐として贈った経緯を記した奥書に触れています。

この図は長崎の名のあるところを集め記したものだとして、公儀の図職であった、七十歳になる長崎（原文は崎陽）勝山町に住む雪翁軒一釣（実名不明）が、奥州南部大槌の古廟山観流庵主の慈泉老師が、二十数年ぶりに千里も離れた奥州からわざわざ長崎を訪れてくれたので、飽きることなく話し込みました。今度別れたら、七十歳の私と、六十六歳の老師が、この世で会えることも、もうないだろうと、名残惜しく、老眼を顧みずに、この図を描き上げて帰国の贐とします。慈泉老師が開発した古廟山に長く伝わることを願うばかりです。寛永三辛亥歳、崎陽勝山町住の雪翁軒一釣が七月一日に奥州南部大槌の古廟山観流菴の慈泉老師へと記されています。寛政三年と制作年がはっきりすること、二十数点同じような絵図があるなかで、傷みや汚れ、折れなどが一切なく大変貴重なものだと紹介しています。

同書で大井氏は慈泉が一釣に持ちかけて、かなりの対価を支払ったのではないか。慈泉は盛岡藩の指示で入手したのではないか、だから、古廟山に置かれることはなく、盛岡藩主に献上されたのだろうと推測しています。この『旧諸役所図』は慈泉が帰国してすぐに藩に献上したものではありません。

花石公夫『閉伊の木食―慈泉と祖晴―』一二七頁と一二八頁にあるように、実は古廟山に保管されていて、慈泉老師の子孫武豊が弘化年間に五品を宝篋印塔の下から掘り出し、その子儀助がまた数多くの物を掘り出して二品を藩主家に献上して、父は二人扶持を与えられ、苗字帯刀を許されました。子の儀助は一人扶持の追加と大槌四日町の永々検断に任命されました。どちらにも『旧諸役所図』の名は見えませんが、幕末まで古廟山にあったものを藩主家に献上したと考えるべきでしょう。数種の献上品のなかに『旧諸役所図』もあったと考えていいでしょう。

長崎からの主要な中国への輸出品は、銅と俵物でした。盛岡藩領鹿角郡の尾去沢や小坂の銅山を所有していましたし、俵物の産地も南部領では大槌通が一番の生産地でしたが、幕府の決めた公定価格でしか売れませんでしたから、盛岡藩のうまみは全くありませんでした。そもそも盛岡藩は銅山を藩が直接経営しているわけではなく、実質的には領内の商人たちに仲間作らせて経営を任せて、礼金、営業税を上納させる体制でした。従って、長崎の情報を必要として、対策を積極的に練るような首脳部がいたとは考えにくい藩です。

第一、この絵図をみて長崎のどのような情報を藩が得たいと思っていたのでしょうか。煙硝づくりも牛馬の糞や人糞尿などで、領民に作らせて集めるだけですし、遠見御番所も寛永年間から設置しましたが、見張りをして、藩庁への報告はしますが、対応できる人員も武器もありませんでした。幕末になって砲台を三閉伊通の御給人たちに請け負わせて築造し、費用も負担はさせますが、肝心の大砲が銅製や鉄製のもので準備できる財力が藩にはなく、木製大砲（木砲）を供えさせている程度でした。このような財政能力に乏しく、経済力を高めるための工夫や藩政改革など出来ないままで、ただただ負担を強いる藩に対して大規模な弘化や嘉永の三閉伊一揆が起こるような藩です。仙台領か幕府領にして欲しいと百姓等に要求されるほど無策で信用がないのが現状でした。三歳で藩主となった南部利敬は『旧諸役所図』が描かれた寛政三年にはまだ九歳で、家老たち中心の門閥が支える集団指導体制で、強力なリーダーシップがとれる家老はいませんでした。やや成長して、寛政九年（一七九七）に慈泉が七十二歳の時に巡見の折に立ち寄っていますが、この時に十五歳の藩主が『旧諸役所図』見たならば、感激して記録に残ったはずです。成人後は、身分に拘わらず、能力を見て重用するようになり、かえって高知の門閥から不満が起こるような状況でした。残念ながら、長崎の最新情報を入手して、盛岡藩に少しでもメリットがある、藩のためになる施策を立案する人物が現れて、実施できるような藩体制ではありませんでした。

北方警備でさえ、そうでした。文化四年（一八〇七）に択捉島で起こったシャナでのロシアとの戦闘状態のなかで捕虜となった砲術指南役の大村治五平は、ロシアとの戦闘中に捕虜となってしまい、後に解放されたが、逃げ惑った者たち虚偽の報告もあって、吟味後は領内宮古の華厳院に幽閉されたまま没しています。子孫にだけは眞実を知って欲しいと書き残した『私残記』には、ロシア船内部の様子や、ロシア人の衣食住をよく観察して、比較的正確に把握していますし、相当の情報が詰まっていますが、藩はそれを活用しようとは全く、考えた形跡がありません。砲術指南役はこれからの状況では絶対必要だということにさえ、気かついていないのです。文化八年（一八一一）にディアナ号船長のゴローニンを国後島で捕まえたのは盛岡藩士でしたが、事件の解決や情報収集などに積極的に行動したことは一切ありませんでした。

どう見ても、この情報から盛岡藩が何かをつかんで行動に移そうという気配はまったく感じません。慈泉の実家がいくら財力に恵まれていたとしても、一介の出家者です。全国行脚中です。慈泉が大金を支払って入手したいと思えるような藩ではないのです。慈泉存命中に絵巻を藩の要人に見せたでしょうか。古廟山観流庵に大切に保管されていたと考えるべきです。慈泉の子孫がその価値もわからないまま、手放してしまったと考えるべきでしょう。銅や俵物など長崎からの輸出品の産地だった南部領から派遣されたスパイが慈泉であるように考える必要はないと思います。

弟の仏眼祖晴も観海から木食戒を受けています。兄同様、子孫に家業を譲ってからは東梅社という太宰府天満宮を勧請した天神社と池の中島には辨天社を祀り、天神社の南隣に観旭楼を建てて居住し、不臥、不炊で読経、写経、観化を行っています。この楼には柳が植えられていて、彼は観旭楼と用いず、謙遜して柳下窟と署名することが多いです。全国の霊地を行脚して採取した土砂を埋めたあとの円形石や妙法蓮華経の石碑は東日本大震災後に旧跡に復元されています。自ら巡礼できない人々でも、その場で礼拝すれば全国各地の霊地を参拝した御利益を得られるという信仰に基づいていました。三日月山への不動明王や辨財天の伝来由来や開眼法要の様子を伝えてくれたことも彼の功績です。

山口清助（祐）こと利記浄圓は二人に遅れて、水戸の羅漢寺で修行して、観海の道場に祀られていた不動明王像を三日月山の本尊として請来することに尽力した人物で、版本不動明王経と観海直筆般若心経を三日月山に奉納しました。何より有り難かったことは、この不動明王経の背面に『奉収経趣意』を祖晴に依頼して奉納の経過を伝えてくれたことです。数種類の「東梅社」「観旭楼」などの印影も鮮やかで貴重なものです。

彼は慈泉の娘やすと、清助の弟佐助が婚姻するなど、祖晴兄弟と親戚になり、生井澤に杉森社を建ててそこで暮らしました。現在は仮説住宅地の側にうっそうとした杉の小森に石祠が二基と数個の自然石に祖晴の法華経供養などが刻まれています。これらは郷土史家の徳田健治氏の研究成果の発表を待ちたいと思います。

干海鼠、干鮑、鱶鰭などの俵物、鰯などの小魚からとる魚油と干鰯、新巻鮭、塩漬や糠漬された様々な魚介類、布海苔や若布や昆布などの海藻類などありとあらゆる海産物を採取、加工生産、集荷運搬を行って江戸、大坂、長崎に運んで莫大な利益をあげていたからこその蓄財が目や脚を地元から全国に向け、信仰活動を支えていたことがわかりました。知れば知るほど計り知れない精神力と信仰心を感じる三人です。

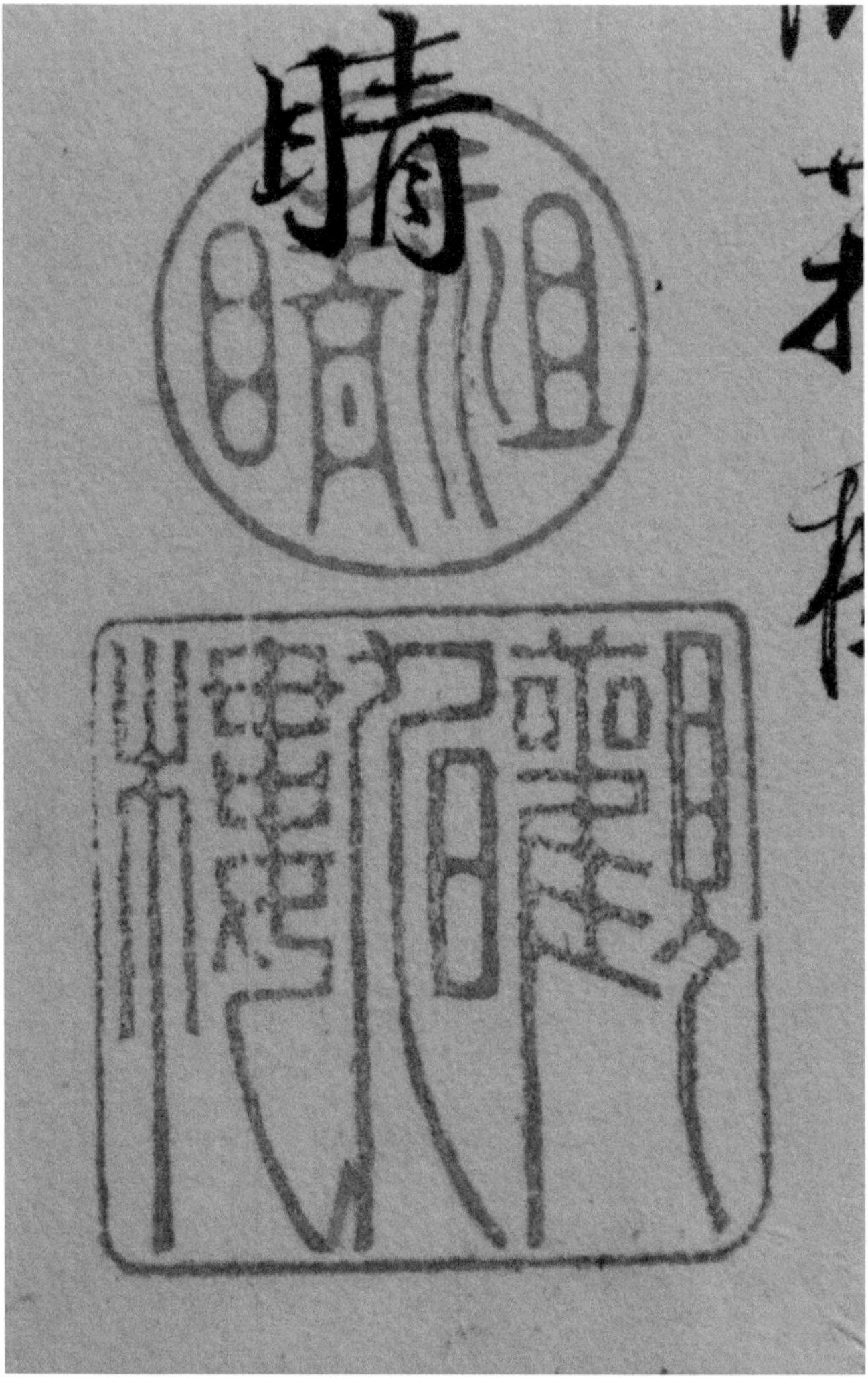

観旭楼の印　柳下窓という印は未確認
この印は唯一の捺印例　東梅社は三印確認

十八　おわりに

厨川稲荷神社を勧請して前川大明神が建立されたことを確認したいという思いがきっかけで、釜石市、大槌町、山田町からなる大槌通には、全国でも残存例が少なく、大変貴重な三井親和と親孝親子の揮毫になる扁額などが、東日本大震災をはじめ様々な来し方の困難を乗り越えて伝存するという奇跡的な発見が相次ぎ、東京の深川や長野の諏訪をはじめ全国各地の三井親和、親孝の研究に寄与できることになります。

さらには、三日月神社で大切に信仰されてきたご本尊の不動明王立像が解体修理を行う運びとなり、胎内物が数種、納入時のまま保管されてきたことがわかった。灰仏と呼ばれる不動明王坐像は、十万枚御護摩供養の灰でつくられたもので、舎利石、祈祷砂、弘法大師御衣切などが納入されていたことを確認出来ました。生駒の聖天さん般若窟宝山寺の中興宝山湛海和尚からの下賜仏であろうことが推測されます。全国で七例目の珍宝です。修理の際には元通りに、納入されます。複製品を制作してもらうこととなりました。

佛眼祖睛による『奉収経趣意』や『大聖不動尊像』と『厨子入弁財天坐像』の三巻のおかげで、善兵衛家三代助友、婿養子善兵衛四代富昌、婿養子別家梅屋善右衛門光栄の配慮岡谷家の先祖が独立し、慈泉と祖睛と浄圓の尽力に支えられ、岡谷家が別当として守り続けて、三日月神社の数々の文化財が伝承されてきた経緯がわかりました。

花石公夫氏の著書『閉伊の木食　慈泉と祖睛』以外に先行文献がほとんどなく、この本なくして今回の調査研究は手を付けることは出来ませんでした。大変感謝しております。

氏と違った意見も述べましたが、この学恩を有り難く思っております。
そして、土地勘のない、信用度のない私の調査に常にご同行いただいた德田健治氏に改めてまして感謝申し上げます。なにより三日月神社別当の岡谷喜一様には大変お世話になりました。神社の什宝の継承に少しでも貢献したいと思っております。

震災で故郷を失った者にとって、これほど、自分たち力で地元の産業振興、雇用確保、文化振興に尽力した人物に恵まれた大槌町をうらやましく思いました。せっかく、震災をくぐり抜けて残った文化財です。震災復興は故郷への誇りを再認識することに裏打ちされる地味な作業をともないます。今、調査研究しなければ失われてしまうもの、今、修理をしなければ跡形もなくなってしまう物を後世に伝え、故郷の偉人たちの顕彰活動、大槌通を一括りとした調査研究の必要性を切に感じています。

仏法を興すことが、衆生に利益をもたらすという、西大寺中興叡尊上人の『興法利生』を文化土壌に持つ大槌通に居住して応援してくださった方々に改めて感謝致します。風化する震災の記憶と経験を伝えている菊池のどかさんは、お若いにもかかわらず、多くの民俗的経験をして今日の生活に生かしているか、地元の伝承について沢山ご教示いただきました。これらを素に調査研究を発展させていこうと思っております。

令和二年六月

前川善兵衛の偉業を偲びつつ

佐々木勝宏

参考文献（年代順）

柳宗悦「四国堂心願鏡」『木喰上人之研究』国立国会図書館デジタルコレクション所収
　三一〜三六・一四八　一九二五
『水戸紀年』五「良公」宝暦六年（一七五六）丙子条『茨城県史料』近世政治編Ｉ
　五四三頁
『水戸紀年』文政十年（一八二七）羅漢寺住職舜興提出水戸藩寺社方文書
釜石市誌編纂委員会編『釜石市誌　史料編一』一九六〇　釜石市（慶長六〜寛政頃まで）
釜石市誌編纂委員会編『釜石市誌　史料編二』一九六一　釜石市（寛政三〜弘化四）
釜石市誌編纂委員会編『釜石市誌　史料編三』一九六二　釜石市（弘化二〜明治五）
釜石市誌編纂委員会編『釜石市誌　史料編四』一九六三　釜石市（明治六年以降）
小林剛編『寶山湛海傳記史料集成』一九六四　開祖湛海和尚第二百五十回遠忌事務局　共
　同印刷工業
小林剛編『寶山湛海傳記史料集成―附図―』一九六四　開祖湛海和尚第二百五十回遠忌事
　務局　共同印刷工業
釜石市誌編纂委員会編『釜石市誌　年表』一九六五　釜石市
大槌町史編纂委員会『大槌町史　上巻』一九六六　大槌町役場
水戸市史編纂委員会編『水戸市史』中巻（三）一九七五　水戸市
大槌町漁業史編纂委員会『大槌漁業史年表』一九八〇　大槌町漁業協同組合

大槌町漁業史編纂委員会『大槌漁業史』一九八三　大槌町漁業協同組合
大槌町史編纂委員会『大槌町史　下巻』一九八四　大槌町役場
前沢隆重他編『南部藩参考諸家系図』一九八五　国書刊行会
佐藤任『湛海和尚と生駒宝山寺』一九八八　東方出版
盛岡市教育委員会編『盛岡藩雑書』第三巻　一九八九　熊谷印刷
森下等『影山を下りず　生駒山中興開山宝山湛海律師の生涯』一九九二　宝山寺
花石公夫『閉伊の木食　慈泉と祖睛』一九九八　東海印刷所

宝山寺編『般若窟　生駒山寶山寺縁起』二〇〇〇　大本山生駒山宝山寺
東山緑『生駒山の生き仏　寶山湛海律師』二〇〇一　生駒山寶山寺　共同精版印刷
生駒山寶山寺編『生駒山寶山寺と湛海律師　―文化と歴史―』二〇〇一　生駒山寶山寺
　明新社
生駒山寶山寺編『生駒山寶山寺と湛海律師　―文化と歴史―』二〇〇一　生駒山寶山寺
　明新印刷
外内英子他編『いわてのお寺さん〔県北と腹部沿岸〕』テレビ岩手　熊谷印刷　二〇〇四
高橋文彦編『いわてのお寺さん〔南部沿岸と遠野周辺〕』テレビ岩手　熊谷印刷　二〇〇六
奈良県高等学校教科等研究会歴史部会編『奈良県の歴史散歩　上　奈良県北部』二〇〇七
　山川出版社
時田里志編『北の黒船』二〇〇八　第五九回　企画展図録

齋藤里香編『「日本名山図絵」と川村寿庵』二〇〇八　第六〇回　企画展図録
齋藤里香「江戸の町医者　川村寿庵」『岩手県立博物館研究報告第二十七号』二〇一〇
齋藤里香「松平定信による盛岡領内の古鎧調査」『岩手県立博物館研究報告第二十九号』
二〇一二
柳宗悦『木喰上人』二〇一八　講談社
大井昇『長崎絵図帖の世界』二〇一八　長崎文献社

あとがき

東日本大震災は、岩手県沿岸部の尊い人命と貴重な文化財の多くを奪いました。震災発生当初は、生活物資を運ぶトラックや給水車と警察、消防、自衛隊の車両以外は被災地に往くことは禁じられていました。堆くなった灰色の瓦礫の山々の間に確保したばかりの道路脇には、ご遺体の発見場所に三色の色鮮やかな菊が供えられていました。人命最優先のなかで、文化財レスキューは過酷な作業の連続でした。被災者の方々、犠牲者の方々の直接的な手助けにはなりません。しかし、そこに生まれ、その風土で育まれた人々の営みを全く無にしてはいけない。こういう文化を持ち、受け継いできた習俗のなかで育まれた伝統として息づいていたものを後世に伝える、繋げる仕事をしなければ、後悔してもしきれないとも思ったものです。震災から十年ほどの歳月は経過しましたが、復興はまだ道半ばです。人々の生業が取り戻せたときに郷土の誇りと、自信につながる精神的支柱となる先人の智慧と勇気を学び伝承するためにも学問的裏付けのある事実の積み重ねが今ほど重みを持つ時はないように思います。この本が、生き残った文化財の調査研究、修理保存を推進する一助となれば幸甚です。もとより浅学非才で、微力な私のために不十分なところが多いと存じます。ご協力賜った三神社や、もりおか歴史文化館、岩手県立図書館、盛岡市先人記念館はじめ諸機関、諸学兄、御縁を賜った皆様に衷心より、お礼申し上げます。

令和二年六月吉辰

佐々木勝宏

『前川善兵衛ゆかりの三神社』
令和二年（二〇二〇）六月十一日　初版第一刷発行

著者・発行　佐々木勝宏
印刷製本　有限会社　ツーワンライフ
岩手県紫波郡矢巾町広宮沢一〇の五一三の十九
装丁写真　もりおか歴史文化館所蔵『旧諸役所図』
出嶋阿蘭陀屋鋪圖部分
題字揮毫　千葉伶華（明美）